clave

Osho ha sido descrito por *The Sunday Times* de Londres como «uno de los mil artífices del siglo XX» y por el *Sunday Mid-Day* (India) como una de las diez personas –junto a Gandhi, Nehru y Buda– que han cambiado el destino de la India. En una sociedad donde tantas visiones religiosas e ideológicas tradicionales parecen irremediablemente pasadas de moda, la singularidad de Osho consiste en que no nos ofrece soluciones, sino herramientas para que cada uno las encuentre por sí mismo.

OSHO

Tónico para el alma

Traducción de
Martín Manrique Mansour

DEBOLS!LLO

Título original: *Pharmacy for the Soul*
Primera edición en Debolsillo: junio, 2016

© 2000, OSHO International Foundation, Suiza.
www.osho.com/copyrights / Todos los derechos reservados
© 2016, Penguin Random House Grupo Editorial, S. A. U.
Travessera de Gràcia, 47-49. 08021 Barcelona
© 2002, OSHO International Foundation, por la traducción

El material de este libro ha sido seleccionado de entre varias conferencias impartidas por Osho ante un auditorio. Todas las conferencias de Osho han sido publicadas de forma íntegra en diferentes libros, pero también están disponibles las grabaciones originales en formato sonoro. Las grabaciones sonoras y el archivo escrito completo pueden encontrarse de forma online en OSHO Library, en www.osho.com.

OSHO* es una marca registrada de Osho International* Foundation / www.osho.com/trademark

Printed in Spain – Impreso en España

ISBN: 978-84-663-3386-3
Depósito legal: B-7.346-2016

Compuesto en Arca Edinet, S. L.
Impreso en Novoprint
Sant Andreu de la Barca (Barcelona)

P 3 3 3 8 6 3

Penguin
Random House
Grupo Editorial

Índice

1. SERENARSE

Libérate de la tensión mediante el alivio y la relajación

DIAGNÓSTICO

La conciencia no puede estar contra el cuerpo; tu conciencia reside en él, no pueden verse como contrarios. Te hablo y mi mano hace un gesto sin que yo le diga nada. Hay una profunda sincronía entre mi mano y yo.

Caminas, comes, bebes, y todo indica que eres un cuerpo y una conciencia, como un todo orgánico. No puedes torturar al cuerpo y elevar tu conciencia. El cuerpo debe ser amado, tienes que ser su gran amigo. Es tu casa, tienes que limpiarlo de toda la basura y recordar que está a tu servicio continuamente, día y noche. Incluso cuando duermes tu cuerpo está trabajando continuamente en la digestión, en convertir el alimento en sangre, en desechar las células muertas, en incorporar oxígeno nuevo y fresco al organismo... ¡Y tú estás completamente dormido!

Está haciendo todo lo necesario para tu supervivencia, para tu vida, aunque tú seas tan desagradecido que ni una sola vez le hayas dado las gracias. Por el contrario, las religiones han enseñando a las personas a torturarlo: «El cuerpo es tu enemigo y tienes que liberarte de él, de sus ataduras».

Yo sé que eres mucho más que el cuerpo y que no hay necesidad de tener ninguna atadura, pero el amor no es atadura. El amor y la compasión son absolutamente necesarios para tu cuerpo y su nutrición, y cuanto mejor sea tu cuerpo, mayor es la posibilidad de hacer crecer a la conciencia. Es una unidad orgánica.

El mundo necesita un tipo de educación totalmente nuevo en que esencialmente todas las personas sean introducidas en los silencios del corazón (meditación, en otras palabras), en que se las prepare para tener compasión de su propio cuerpo, pues a menos que tengas compasión por tu propio cuerpo, no la tendrás por el cuerpo de nadie más. Es un organismo vivo y no te ha hecho ningún daño. Ha estado a tu servicio continuamente desde que fuiste concebido y lo seguirá estando hasta que mueras. Hará todo lo que quieras, incluso lo imposible, y no te desobedecerá.

Es inconcebible crear un mecanismo así, tan obediente y tan sabio. Si tomas conciencia de todas las funciones de tu cuerpo te sorprenderás. Nunca has pensado en lo que tu cuerpo ha estado haciendo. Es tan milagroso, tan misterioso... Pero nunca lo has visto. Nunca te has molestado por intimar con tu propio cuerpo, ¿y pretendes amar a otra persona? No puedes, porque esa otra persona también aparece ante ti como cuerpo.

El cuerpo es el mayor misterio de la existencia y necesita ser amado; sus misterios y su funcionamiento deben ser examinados con detalle.

Por desgracia, las religiones han estado absolutamente en contra del cuerpo. Eso da una clave, una indicación definitiva de que si un hombre aprende la sabiduría del cuerpo y su misterio, nunca se preocupará por el sacerdote o por Dios. Habrá encontrado que lo más misterioso dentro de sí mismo y dentro del cuerpo es el altar mismo de la conciencia.

Una vez que estás al tanto de tu conciencia, de tu ser interior, no hay un dios por encima de ti. Solo una persona así puede ser respetuosa con otros seres humanos y otros seres vivientes, porque son tan misteriosos como él mismo; diferentes expresiones y variedades que enriquecen la vida. Además, una vez que un hombre ha encontrado la conciencia de sí mismo, halla la llave de lo esencial. Cualquier educación que no te enseñe a querer a tu cuerpo, a tener compasión por él, a entrar en su misterio, tampoco te enseñará a entrar en tu propia conciencia.

El cuerpo es la puerta, el escalón.

PRESCRIPCIONES

Disuelve la armadura

Tienes una armadura a tu alrededor; no está adherida a ti, tú estás adherido a ella. Cuando te das cuenta de que existe, puedes simplemente tirarla. La armadura está muerta; si tú no la cargas, desaparecerá. No solo la estás cargando sino que también la estás nutriendo y alimentando continuamente.

Todos los niños fluyen. No tienen partes congeladas en ellos; todo su cuerpo es una unidad orgánica. La cabeza no es importante y los pies sí lo son. De hecho no existe la división; no hay demarcaciones. Sin embargo, poco a poco esas demarcaciones comienzan a aparecer. Entonces la mente se convierte en el maestro, el jefe, y de pronto todo el cuerpo está dividido en partes. Algunas son aceptadas por la sociedad y otras no. Hay partes peligrosas para la sociedad y tienen que ser prácticamente destruidas. Esa es la raíz de todo el problema.

Para resolverlo debes observar en qué partes del cuerpo sientes limitaciones. Tan solo haz tres cosas. Una: caminando, sentado o en un lugar donde no estés haciendo nada, espira profundamente. El énfasis debe estar en la espiración, no en la aspiración. Espira profundamente, saca todo el aire que puedas. Espira a través de la boca poco a poco. Cuanto más tiempo te lleve, mejor, pues será más profunda. Cuando todo el aire que había en tu cuerpo haya salido, el cuerpo aspirará; no eres tú quien debe aspirar. La espiración debe ser lenta y profunda y la aspiración debe ser rápida. Esto modificará la armadura cerca del pecho.

Dos: si puedes comenzar a correr un poco, ayudará. No muchos kilómetros, uno y medio es suficiente. Solo visualiza cómo un peso está desapareciendo de las piernas, como si se estuviera cayendo. La armadura está en las piernas si tu libertad ha sido demasiado restringida, si se te ha ordenado qué hacer, cómo ser y adónde ir. Entonces empieza a correr y, mientras lo haces, presta más atención a la espiración. Una vez que recuperes tus piernas y su fluidez, tendrás un gran flujo de energía.

Tres: por la noche, cuando vayas a acostarte, desvístete y, mientras te quitas la ropa, simplemente imagina que no te estás quitando solo prendas, sino que también te estás quitando la armadura. Despójate de ella y haz una respiración profunda; después vete a dormir sin armadura, sin nada en el cuerpo y sin restricciones.

Caída libre

Todas las noches siéntate en una silla y deja caer la cabeza hacia atrás, para que esté relajada y descanse. Puedes usar una almohada para conseguir una postura en la que no haya tensión en el cuello. Entonces suelta la mandíbula, relájate de manera que la boca se abra ligeramente y empieza a respirar por la boca, no por la nariz. Hazlo sin modificar la respiración, debe ser natural. Las primeras respiraciones serán un poco cerradas, pero poco a poco se volverán más ligeras. El aire entrará y saldrá muy suavemente; así es como debería ser. Mantén la boca abierta, los ojos cerrados y relajados.

Entonces empieza a sentir que tus piernas se están soltando, como si te las estuvieran quitando, se sueltan de las articulaciones. Piensa que tú eres solo la parte superior. Ya no están las piernas.

Luego las manos: piensa que ambas manos se van soltando y que te las están quitando. Tal vez incluso oigas un pequeño «clic» dentro cuando se separan. Ya no son tus manos; están muertas, ya no están. Entonces solo queda el torso.

Piensa después en la cabeza, en que te la están quitando y ya no tienes cabeza. Entonces suéltala; hacia donde gire, derecha o izquierda, tú no puedes hacer nada. Simplemente déjala suelta; ya no la tienes.

Ahora solo tienes el torso. Siente que solo eres eso, el pecho y el vientre, nada más.

Hazlo durante por lo menos veinte minutos y después duérmete. Esto debe hacerse justo antes de dormir. Hazlo al menos tres semanas.

Tu inquietud se asentará. Tomando esas partes como separadas, solo permanecerá lo esencial, de manera que toda tu energía se moverá hacia la parte esencial. Esta se relajará y la energía empezará a fluir en tus piernas, tus manos y tu cabeza otra vez, ahora de manera más proporcionada.

Aclara la garganta

Si desde la infancia tu expresividad no ha sido como debiera (no has podido decir o hacer lo que querías), esa energía que no ha sido expresada queda atrapada en la garganta. La garganta es un centro de expresión. Sin embargo, muchas personas usan la garganta únicamente para tragar. Esa es solo la mitad de su uso y la otra mitad, la más importante, permanece descuidada. Hay algunas cosas que puedes hacer si necesitas volverte más expresivo.

Si amas a una persona, di lo que quieras decir, aunque parezca algo tonto; a veces es bueno ser tonto. Di las cosas que se te ocurran en el momento; no las reprimas. Si amas a una persona, déjate llevar, no te mantengas controlado. Si estás enfadado y quieres decir algo, entonces hazlo con todo el calor. Solo el enfado con frialdad es negativo; el enfado en caliente, nunca... El enfado con frialdad es realmente peligroso, y es lo que se le ha enseñado a la gente; mantente frío incluso cuando estés enfadado. Pero entonces el veneno permanecerá en tu sistema. A veces es bueno gritar y vociferar con cada emoción.

Todas las noches siéntate y empieza a balancearte. Debes hacerlo de manera que, cuando te muevas para un lado, una nalga toque el suelo (así que acomódate en algo duro), y cuando te muevas para el otro lado, sea la nalga contraria la que se pose en el suelo. No deben tocarlo las dos al mismo tiempo, sino una cada vez. Ese es uno de los métodos más antiguos para impulsar la energía desde la base de la columna.

Si hay algo ahí, en la garganta, si hay alguna energía atrapada y tú has conseguido controlarla por completo, se necesita más de un flujo. Con este ejercicio tu control disminuye, la energía aumenta y no puedes controlarla; así la presa se rompe. Hazlo de quince a veinte minutos.

Después de diez minutos de ejercicio, simplemente balancéate y empieza a decir: «Allah..., allah...». Di «allah» cuando vayas para un lado y repítelo cuando vayas hacia el otro. Poco a poco sentirás más energía y el «allah» se hará más y más fuerte. Llegará un punto después de diez minutos en el que estarás casi gritando: «¡allah!». Vas a empezar a transpirar; la energía se volverá muy caliente y el «¡allah!, ¡allah!» será casi enloquecido. Cuando la presa se rompe uno enloquece.

Lo disfrutarás. ¡Será extraño pero lo disfrutarás! Puedes hacerlo dos veces al día: veinte minutos por la mañana y veinte minutos por la noche.

Relaja el vientre

Siempre que vayas por la mañana al baño a descargar tus intestinos, toma después una toalla áspera que esté seca y frótate el vientre. Presiona y frota con fuerza. Empieza desde el lado derecho y muévete en círculo, frota alrededor del ombligo pero no lo toques. Hazlo con fuerza, de manera que te des un buen masaje. Presiona el vientre para que se movilicen todos los intestinos. Hazlo siempre que vayas de vientre, un máximo de dos o tres veces diarias.

Durante el día, entre la salida y la puesta del sol (nunca por la noche) respira tan profundamente como puedas tantas veces como puedas. Cuantas más veces respires y más profundamente lo hagas, mejor. Simplemente recuerda una cosa: la respiración debe hacerse desde el vientre y no desde el pecho, de manera que cuando aspires el estómago se eleve, no el tórax. Cuando aspiras se infla el vientre, y cuando espiras se mete. Deja el pecho como si no tuviera nada que ver. Solo respira desde el vientre de manera que todo el día sea como un masaje sutil.

Mira cómo respira un niño pequeño; esa es la manera correcta y natural de respirar. El vientre se infla y se desinfla, y el pecho permanece completamente inalterado por el paso del aire. Toda su energía está concentrada cerca del ombligo.

Conforme crecemos, poco a poco perdemos contacto con el ombligo. Nos ocupamos cada vez más de la cabeza y la respiración se vuelve ligera. Cada vez que te acuerdes durante el día, aspira tan profundamente como puedas, pero permite que el vientre se acostumbre.

Todo el mundo respira correctamente durante el sueño porque la mente no está ahí y no interfiere. El vientre se infla y se desinfla, y la respiración se vuelve profunda de manera automática; no necesitas forzarla para que sea profunda. Simplemente permanece natural y así será. La profundidad de la respiración es consecuencia de su naturalidad.

Baila como un árbol

Si es posible, sal al exterior, detente entre los árboles, vuélvete un árbol y deja que el viento pase a través de ti.

Sentirse identificado con un árbol es inmensamente fortalecedor y nutritivo. Así, uno puede penetrar con facilidad en la conciencia primordial; los árboles están ahí permanentemente. Habla con los árboles y abrázalos. Si no es posible salir, simplemente párate en medio de una habitación, visualízate como un árbol (está lloviendo y hay un viento fuerte) y empieza a bailar. Danza como un árbol y serás capaz de sentir el flujo.

Es solo cuestión de aprender el arte de mantener la energía fluyendo. Esta será tu llave; siempre podrás abrirlo cuando se cierre.

Tensa primero, después relaja y duérmete

Todas las noches antes de acostarte, detente en medio de la habitación (exactamente a la mitad) y tensa el cuerpo tanto como puedas, casi como si fueras a explotar. Hazlo durante dos minutos y después relájate dos minutos, de pie. Realiza esta tensión-relajación dos o tres veces y luego métete en la cama. Entonces tensa todo el cuerpo otra vez tanto como sea posible. Después de eso no hagas nada más, de manera que durante toda la noche la relajación sea cada vez más profunda.

Silencio absoluto

Hay un silencio que solo sobreviene cuando estás totalmente sin control; desciende sobre ti. Tienes que recordar esto: a través de tu control distraes tu energía. La mente es el gran dictador, trata de controlarlo todo, y si no puede controlar algo lo niega diciendo que no existe.

Haz esta meditación todas las noches antes de acostarte. Siéntate en la cama, apaga la luz y no dejes nada pendiente, ya que después de la meditación debes dormir de inmediato. No hagas nada; no deberás admitir al «hacedor» después de la meditación. Simplemente relájate y ve a dormir, pues además el sueño llega solo, no puedes controlarlo. Hay una cualidad del sueño que es casi como la meditación (el silencio); simplemente llega. Es por eso por lo que mucha gente sufre de insomnio; incluso tratan de controlar eso, y de ahí viene el problema. No hay nada que puedas hacer al respecto. Solo puedes esperar; únicamente puedes estar de una manera relajada y receptiva.

Después de la meditación simplemente relájate y acuéstate para que haya continuidad y la meditación siga fluyendo dentro de ti. La vibración estará allí toda la noche. Por la mañana, cuando abras los ojos, sentirás que has dormido de una manera totalmente diferente. Ha habido un cambio cualitativo, no fue solo sueño; algo más profundo que el sueño ha estado presente. Has estado bajo una cascada de algo que no sabes qué es ni cómo clasificar.

La meditación es muy sencilla. Siéntate en la cama, relaja el cuerpo, cierra los ojos e imagina que estás perdido en una región montañosa. Es una noche oscura, sin luna, y está muy nublado. No puedes ver ni una sola estrella, está totalmente oscuro, ni siquiera puedes verte las manos. Estás perdido en las montañas y es muy difícil encontrar el camino. A cada momento hay peligro de caer en un valle, en un abismo, y desaparecer para siempre. Entonces vas a tientas con mucho cuidado. Estás totalmente alerta porque el peligro es tremendo, y cuando el peligro es tremendo, uno debe estar muy alerta.

La imagen de la noche oscura y la región montañosa es solo para crear una situación amenazadora. Estás muy alerta, incluso si cae un alfiler serás capaz de oírlo. Entonces de pronto llegas al borde de un precipicio. Sientes que no hay camino enfrente y no puedes saber lo profundo que es el abismo. Entonces coges una piedra y la tiras al abismo para comprobar su profundidad.

Quédate escuchando atentamente en espera del ruido de la piedra golpeando otras al caer. Quédate escuchando. No oyes nada, es como si fuera un abismo sin fondo. Con solo seguir escuchando surge un miedo terrible dentro de ti y tu estado de alerta se enciende aún más.

Déjate llevar por tu imaginación. Tiras la piedra y esperas. Permaneces escuchando; esperas con el corazón latiendo y sin respuesta. El silencio lo abarca todo. Duérmete en ese silencio absoluto.

Flujo de energía

La energía siempre fluye hacia el objeto de amor. Siempre que sientas energía estancada en algún lugar, ese es el secreto para hacerla fluir: encuentra un objeto de amor. Cualquier objeto servirá; es solo una excusa. Si tocas un árbol con mucho amor la energía empezará a fluir, pues esta se precipita hacia dondequiera que haya amor. Es simplemente como agua corriendo cuesta abajo; dondequiera que esté el océano, el agua siempre busca el nivel del mar y se sigue moviendo.

Dondequiera que haya amor, la energía busca el nivel del amor y se sigue moviendo.

El masaje puede ayudar si se hace con mucho amor. En realidad, cualquier cosa puede ayudar.

Coge una piedra con la mano con amor y atención profundos. Cierra los ojos y siente un amor inconmensurable por la piedra, gratitud porque existe y porque acepta tu amor. De pronto lo verás: hay una pulsación y la energía se está moviendo. Poco a poco verás que no tienes necesidad de un objeto real, sino tan solo de la idea de que amas a alguien para que la energía comience a fluir. Después puedes incluso abandonar esa idea; limítate a ser afectuoso y la energía estará allí fluyendo. El amor es flujo, y siempre que estamos congelados es porque no amamos.

El amor es calidez, y el congelamiento no puede darse si hay calidez. Cuando no hay amor, todo está frío. Empiezas a sentirte bajo cero.

Una de las cosas más importantes que hay que recordar es que el amor es cálido, como el odio; la indiferencia es fría. Incluso cuando odias empieza a fluir la energía. Aunque, por supuesto, ese flujo es destructivo. Con el enfado, la energía comienza a fluir; por esa razón la gente se siente bien después de enfadarse: algo ha sido liberado. Es muy destructivo, pero aunque podría haberse convertido en algo creativo si hubiera sido suscitado por medio del amor, es mejor siempre expresarlo.

Si eres indiferente, no fluyes. Entonces algo que disuelva tu hielo y te caliente resulta positivo. No es el masaje lo que funciona, es tu dedicación, tu amor. Ahora trata de hacer lo mismo con una piedra; simplemente masajéala y observa qué pasa, y sé afectuoso. Inténtalo con un árbol; cuando percibas que está sucediendo limítate a sentarte en silencio e inténtalo. Recuerda a alguien que quieras; un hombre, una mujer, un niño o una flor. Recuerda esa flor (solo la idea) y de repente verás que la energía está fluyendo.

Entonces deja a un lado también la idea. Un día simplemente siéntate en silencio siendo afectuoso, sin dirección, sin que sea para nadie en particular. Solo siéntate en silencio con un ánimo afectuoso y verás que está fluyendo. Entonces ya conoces la llave. El amor es la llave. El amor es el flujo.

Canaliza la energía sexual

Siéntate derecho, en una silla o en el suelo, con la columna recta pero relajada y sin tensión.

Aspira lenta y profundamente. No te apresures; aspira muy despacio. Primero se infla el vientre; tú sigue aspirando. Después se infla el pecho y, finalmente, puedes sentir que estás lleno de aire hasta el cuello. Entonces mantén la respiración un momento, tanto como puedas sin forzar, y luego espira. Hazlo también muy lentamente, pero en el orden inverso. Cuando se vacíe el vientre, presiona de manera que salga todo el aire. Solo necesitas hacerlo siete veces.

Entonces siéntate en silencio y empieza a repetir: «Om, om, om». Mientras lo haces mantén la concentración en el tercer ojo, en el entrecejo. Olvídate de la respiración y sigue repitiendo «Om, om, om» de manera que te arrulle, como una madre que canta una canción de cuna para su hijo. La boca debe estar cerrada, de modo que la lengua esté tocando el paladar y toda tu concentración permanezca en el tercer ojo. Hazlo solo dos o tres minutos y notarás que toda la cabeza se relaja. Sentirás inmediatamente por dentro que una dureza está saliendo, que una tensión desaparece.

Después lleva tu concentración a la garganta y sigue repitiendo «om». Sentirás que los hombros, la garganta y el rostro se relajan y que la tensión cae como si tiraras una carga; te estás convirtiendo en una persona que no pesa nada.

Entonces baja más, lleva tu concentración al ombligo y continúa con el «om». Ve cada vez más abajo. Finalmente llega al centro del sexo. Esto te llevará entre diez y quince minutos, así que ve con calma; no hay prisa.

Cuando hayas alcanzado el centro del sexo, todo el cuerpo estará relajado y sentirás un resplandor como si te rodeara un aura o una luz. Estarás lleno de energía, pero sin movimiento; la energía será como una respuesta. Puedes quedarte en ese estado tanto tiempo como quieras.

La meditación ha terminado; ahora simplemente estás disfrutando. Deja de decir «om» y permanece sentado. Si tienes ganas, puedes acostarte, pero si cambias de posición el estado desaparecerá más rápido, así que siéntate un momento y disfrútalo.

Cuando tu cuerpo se ponga muy tenso por cualquier motivo, haz este ejercicio y sentirás una relajación total.

Onicófagos anónimos

Cuando hay demasiada energía y no sabes qué hacer con ella, te muerdes las uñas o fumas. Comienzas a hacer cualquier cosa simplemente para estar ocupado; si no, la energía permanece ahí y es una carga excesiva. Cuando la gente lo condena diciendo que es nerviosismo, entonces hay más represión. ¡Ni siquiera tienes la libertad de morderte las uñas! Son tuyas y no te permiten mordértelas. Así que las personas buscan otros métodos, como mascar chicle... Son métodos sutiles; nadie objetará demasiado. Si fumas un cigarrillo, tampoco dirá nadie demasiado. Ahora bien, comerse las uñas es menos dañino; de hecho, no es dañino en absoluto. Es un regocijo inocuo. Resulta un poco feo y algo infantil, nada más. Sin embargo, tratas de no hacerlo.

Para que todo eso desaparezca, tan solo tienes que aprender a vivir más enérgicamente. Baila más, canta más, nada más y da largas caminatas. Usa tu energía de manera creativa. Muévete del mínimo al máximo. Vive la vida de forma más intensa. Si estás haciendo el amor, entonces hazlo salvajemente, no solo «como las damas», pues eso es hacerlo al mínimo. Una «dama» es alguien que vive al mínimo o no vive realmente, solo lo pretende.

¡Sé salvaje! Además, ya no eres un niño, así que puedes ser un desastre en tu casa. Brinca y canta y muévete.

Simplemente hazlo unas pocas semanas y te sorprenderás; la costumbre de comerse las uñas desaparece por sí sola. Ahora tienes cosas mucho más interesantes que hacer, ¿quién se preocupa por las uñas? Analiza siempre la causa y no te preocupes demasiado por el síntoma.

«No» es nuestra actitud básica. ¿Por qué? Porque con el «no» sientes que eres alguien. La madre siente que es alguien; puede decir que no. El niño es negado, y el ego del niño resulta lastimado, mientras que el ego de la madre se nutre. «No» alimenta al ego, es comida para él, y es por eso por lo que nos entrenamos en decirlo.

En la vida encontrarás negadores por todos lados, porque con «no» sienten su autoridad; son *alguien*, pueden decir que no. Decir «sí, señor» te hace sentir inferior; sientes que eres el subordinado de alguien, un don nadie. Solo en ese caso dices «sí, señor».

«Sí» es positivo y «no» es negativo.

Recuerda esto: «no» alimenta al ego; «sí» es el método para descubrir el yo interior. «No» es fortalecer al ego; «sí» es destruirlo.

Primero observa y descubre si puedes decir que sí. Si es imposible decir que sí, entonces di que no.

Sin embargo, el método que hemos aprendido consiste primero en decir que no; si es imposible decir que no, y solo entonces, y con una actitud de derrota, decimos que sí.

Inténtalo un día. Tómatelo como una promesa. Durante veinticuatro horas trata de empezar diciendo que sí en todas las situaciones. Fíjate en la profunda relajación que te produce. ¡Solo cosas comunes y corrientes! Por ejemplo, el niño que pide que lo lleves al cine. Él va a ir; tu «no» no significa nada. Por el contrario, tu «no» se convierte en una invitación, en una atracción, pues cuando tú estás fortaleciendo tu ego, el niño trata también de fortalecer el suyo. Intentará ir contra tu «no», y conoce maneras de convertir tu «no» en un «sí», sabe cómo transformarlo. Sabe que solo necesita un poco de esfuerzo, de insistencia, para que tu «no» se convierta en «sí».

Durante veinticuatro horas trata de empezar siempre diciendo que sí. Sentirás mucha dificultad, pues te darás cuenta de que inmediatamente el «no» viene primero. En todo, el «no» viene primero; se ha convertido en un hábito. No lo uses; usa «sí» y observa cómo te relaja.

El pensamiento adecuado significa comenzar a pensar con «sí». No significa que no puedas usar «no»; solo significa empezar diciendo que sí. Observa con una mente afirmativa, y entonces, si es imposible decir que sí, di que no. No encontrarás muchos lugares donde decir que no si empiezas con «sí». Si empiezas con «no», no encontrarás muchos lugares donde decir que sí. El punto de partida significa que llevas ya el noventa por ciento hecho. Tu comienzo matiza todo, incluso el final. El pensamiento correcto significa pensar, pero con una mente dispuesta. Piensa con una mente afirmativa.

Olvida tus problemas riendo

Siéntate en silencio y crea una risa desde las entrañas, como si todo tu cuerpo se estuviera riendo. Empieza a mecerte con esa risa y deja que se extienda desde el vientre a todo el cuerpo; manos riendo, pies riendo, déjate llevar sin control. Ríete durante veinte minutos. Si se vuelve aparatosa, ruidosa, permítela. Si se vuelve silenciosa, también. Entonces, ya sea silenciosa o ruidosamente, ríete durante veinte minutos.

Luego acuéstate en la tierra o en el suelo y tiéndete boca abajo. Si hace calor y puedes hacerlo en el jardín, será mucho mejor. Si puedes hacerlo desnudo será aún mejor. Toma contacto con la tierra con todo el cuerpo acostado sobre ella, y siente que la tierra es la madre y tú eres el niño. Piérdete en ese sentimiento.

Veinte minutos de risa, después veinte minutos de un contacto profundo con la tierra. Respira con la tierra y siéntete uno con ella. Venimos de la tierra y algún día regresaremos a ella. Después de esos veinte minutos de recoger energía baila durante veinte minutos..., cualquier danza. Pon música y baila. La tierra te habrá dado tanta energía que tu baile será diferente.

Si es difícil, si hace frío, entonces puedes hacerlo dentro de una habitación. Si el día es soleado hazlo fuera, y si sientes frío, cúbrete con una manta. Encuentra formas y maneras pero sigue haciéndolo, y después de seis u ocho meses sentirás grandes cambios que ocurrirán por sí solos.

2. MEDICINA PARA LA CABEZA

Doma la mente y (en ocasiones) prescinde de ella

DIAGNÓSTICO

La mente es sencillamente un bioordenador. Cuando un niño nace no tiene mente; no hay parloteo dentro de él. A su mecanismo le cuesta casi tres o cuatro años empezar a funcionar. Podemos ver que las niñas comienzan a hablar más pronto que los niños. ¡Son máquinas hablantes más grandes! Tienen un bioordenador de mejor calidad.

El bioordenador necesita que se lo alimente con información; por esa razón, al tratar de recordar tu vida llegarás hasta un punto alrededor de los cuatro años si eres hombre y de los tres si eres mujer. Más atrás está en blanco. Tú estabas ahí; deben de haber sucedido muchas cosas, ocurrido muchos incidentes, pero parece que no se hubiera guardado información y entonces no puedes acordarte. Sin embargo, sí eres capaz de almacenar recuerdos hasta la edad de tres o cuatro años con mucha claridad.

La mente acumula información de los padres, de la escuela, de otros niños, de vecinos, parientes, de la sociedad, de la iglesia...; por todos lados hay fuentes. Seguramente has visto que los niños pequeños, cuando empiezan a hablar, repiten la misma palabra muchas veces. Un nuevo mecanismo ha empezado a funcionar en ellos, ¡la alegría!

Cuando forman oraciones se alegran una y otra vez. Cuando comienzan a hacer preguntas, lo hacen acerca de cualquier cosa. No están interesados en tus respuestas, ¡recuérdalo! Observa a un niño cuando hace una pregunta: lo que le interesa no es la contestación, así que, por favor, no le des una respuesta larga de la *Enciclopedia Británica*. El niño no está interesado en tu respuesta; simplemente está disfrutando del hecho de preguntar. Una nueva facultad ha empezado a existir en él.

Y es así como empieza a recoger información. Después comenzará a leer y aprenderá más palabras. En esta sociedad el silencio no cuenta; cuentan las palabras, y cuanto mejor sepas hablar más caso te harán los demás.

¿Qué son nuestros líderes, nuestros políticos? ¿Qué son nuestros profesores? ¿Qué son nuestros sacerdotes, teólogos, filósofos, reducidos a una sola cosa? Son gente que sabe hablar muy bien. Saben utilizar las palabras de manera significativa y consecuente, de forma que pueden impresionar a la gente.

Raramente se tiene en cuenta que la sociedad está dominada por completo por gente que sabe hablar bien. Quizá no sepan nada, puede ser que no sean sabios, ni siquiera inteligentes, pero hay algo cierto: saben jugar con las palabras. Porque se trata de un juego, y ellos lo han aprendido bien, y por eso reciben recompensas en términos de respetabilidad, dinero, poder.

Entonces todo el mundo trata de jugarlo y la mente se llena con muchas palabras, muchos pensamientos.

Uno puede encender o apagar su ordenador, pero no puede apagar la mente. No hay botón. No hay ninguna referencia de que cuando Dios hizo el mundo, cuando creó al hombre, hiciera un botón para encender y apagar la mente. No existe tal botón, así que esta continúa activa desde el nacimiento hasta la muerte.

Es sorprendente que la gente que entiende de ordenadores y la que entiende del cerebro humano compartan una idea tan extraña al respecto. Si sacamos el cerebro del cráneo y lo mantenemos vivo mecánicamente, seguirá parloteando de la misma manera. No le importa no estar conectado ya a la pobre persona que sufría por su causa; sigue soñando. Aunque esté conectado a una máquina sigue soñando, sigue imaginando, sigue temiendo, sigue proyectando, esperando, tratando de ser esto o aquello, y no se da cuenta de que no puede hacer nada; la persona a la que estaba conectado ya no existe. Este cerebro puede mantenerse vivo durante miles de años conectado a artefactos mecánicos y seguirá parloteando, reparando en las mismas cosas, porque no le hemos enseñado otras nuevas. En cuanto le enseñemos cosas nuevas, las repetirá.

En círculos científicos se cree que es un gran desperdicio que cuando un hombre como Albert Einstein muere, su cerebro también muera con él. Si pudiéramos salvar el cerebro, implantarlo en el cuerpo de otra persona, entonces seguiría funcionando. No importaría que Albert Einstein estuviera vivo o no; el cerebro seguiría pensando en la relatividad, en estrellas y en teorías. De acuerdo con esta idea, así como la gente dona sangre o los ojos antes de morir, podría donar también su cerebro, de manera que pudiera ser conservado. Si se cree que son cerebros especiales, muy cualificados, y que es un claro desperdicio dejarlos morir, entonces deberían ser trasplantados.

Así, cualquiera podría convertirse en Einstein y nunca lo sabría, pues dentro del cráneo de un hombre no hay sensibilidad; podría cambiar cualquier cosa y la persona no lo sabría. Solo haría falta que la persona estuviera inconsciente para cambiar lo que quisiéramos en su cerebro (incluso el cerebro completo) y se levantaría con el nuevo cerebro, con el nuevo parloteo, y ni siquiera sospecharía lo sucedido.

Ese parloteo del que hablo es nuestra educación, y básicamente está mal orientada porque solo nos enseña la mitad del proceso: cómo utilizar la mente. No nos enseña cómo detenerla para que pueda relajarse, pues incluso cuando estamos dormidos continúa trabajando. No conoce el descanso. A lo largo de toda nuestra vida, durante setenta, ochenta años, trabaja continuamente.

Sin embargo, es posible ponerle un botón a la mente y apagarla cuando no se necesita; es lo que llamamos «meditación». Te ayudará de dos maneras: te dará una paz y un silencio antes desconocidos, y te permitirá un conocimiento de ti mismo que no es posible ahora a causa del parloteo de tu mente, el cual siempre te ha mantenido ocupado.

Por otra parte, también le da descanso a la mente, y gracias a ello esta será más eficiente e inteligente.

Obtendrás un beneficio doble: para tu mente y para tu ser. Solo tienes que aprender cómo detener la mente y hacer que deje de funcionar, aprender a decirle: «Es suficiente. Ahora vete a dormir. No te preocupes, yo estoy despierto».

Si usas la mente solo cuando es necesario, estará fresca, joven, vigorosa y llena de energía. Entonces lo que digas no será solo palabrería, sino que estará lleno de vida, de autoridad, de verdad y de sinceridad y tendrá un significado contundente. Puedes usar las mismas palabras, pero la mente habrá reunido tanto poder al descansar que cada palabra que uses estará viva y llena de poder.

Lo que conocemos como «carisma» es simplemente una mente que sabe cómo relajarse y permitir que la energía se acumule. Entonces, cuando la persona habla, lo que dice es poesía, es el evangelio, y no necesita proporcionar ninguna prueba ni seguir ninguna lógica; su sola energía es suficiente para influir en los demás. La gente siempre ha sabido que hay «algo», aunque nunca ha sido capaz de señalar exactamente qué es el carisma.

Hablo sobre el carisma porque lo conozco por mi propia experiencia. Una mente que está trabajando día y noche está destinada a volverse débil, tonta, incapaz de impresionar, lenta en cierta forma. Como mucho es utilitaria. De esta manera, millones de personas que podrían haber sido carismáticas permanecen infecundas, sin causar impresión alguna, sin ninguna autoridad ni poder.

Cuando es posible (de hecho lo es) poner la mente en silencio y solo utilizarla cuando se necesita, cobra una fuerza impresionante. Ha reunido tanta energía que cada palabra pronunciada llega directamente al corazón.

La gente cree que las mentes de las personas carismáticas son hipnóticas, pero no es así. En realidad son poderosas, frescas; viven siempre en primavera.

Todo esto con respecto a la mente. Para el ser, el silencio abre un universo nuevo de eternidad, de inmortalidad, de todo lo que pueda pensarse como una bendición. De ahí mi insistencia en que la meditación es la religión esencial, la única religión. No se necesita nada más. Todo lo demás es ritual sin esencia.

La meditación es justamente la esencia, la esencia verdadera. No se le puede quitar nada.

Además, nos da acceso a ambos mundos. Al otro mundo (el de la divinidad) y también a este. Entonces uno no es pobre. Uno tiene riqueza, pero no material. Hay muchas formas de riqueza, y el hombre que es rico porque tiene dinero es el más bajo en cuanto a categoría de riqueza. Déjame decirlo así: el hombre con dinero es el más pobre de los ricos. Visto del lado de los pobres, es el más rico de los pobres. Visto del lado de un artista creativo, de un bailarín, de un músico, de un científico, es el más pobre de los ricos, y en lo que se refiere al mundo del último despertar, ni siquiera se le puede llamar rico.

La meditación nos vuelve ricos en un sentido absoluto al darnos el mundo de nuestro ser más interno. También nos vuelve ricos en un sentido relativo porque libera nuestros poderes mentales en los talentos que tenemos. Mi propia experiencia me dice que todo el mundo nace con cierto talento y, a menos que lo experimente en su totalidad, algo le faltará. Empezará a sentir que hay algo que no está en su lugar.

Dale descanso a la mente, ¡lo necesita! Y hacerlo es muy sencillo: simplemente vuélvete su testigo. Te dará ambas cosas.

Lentamente, la mente empieza a aprender a estar en silencio. Una vez que sabe que permaneciendo en silencio se vuelve poderosa, sus palabras no son solo palabras: tienen una validez, una riqueza y una calidad que nunca antes tuvieron, tanto que viajan directamente, como flechas; traspasan las barreras lógicas y llegan al corazón mismo.

Entonces la mente se convierte en un buen servidor de inmenso poder en manos del silencio. El ser es el maestro, y el maestro puede usar la mente cuando sea necesaria y puede apagarla cuando no lo sea.

PRESCRIPCIONES

Disfruta la mente

No trates de detener a la mente. Es una parte natural de ti; enloquecerás si intentas detenerla. Sería como un árbol tratando de impedir que le crecieran hojas; las hojas son naturales para él.

Por ello, el primer consejo: no trates de detener tu pensamiento; está perfectamente bien.

El segundo consejo: el simple hecho de no detenerla no es suficiente; hay que disfrutarla. ¡Juega con ella! Es hermoso. Jugando con ella, disfrutándola, dándole la bienvenida, comenzarás a estar más alerta, más al tanto de ella. Esta toma de conciencia llegará de una manera muy indirecta; no será un esfuerzo por tomar conciencia. Cuando tratas de tomar conciencia, la mente te distrae y te molestas con ella. Sientes que es una mente que está parloteando constantemente. Tú quieres estar en silencio y no te lo permite, así que comienzas a percibirla como un enemigo.

Eso no es positivo; supone dividirte en dos. Entonces la mente y tú os volvéis dos y surgen el conflicto y las fricciones. Y toda fricción es suicida porque te hace perder energía sin necesidad. No tenemos tanta energía como para desperdiciarla en pelear contra nosotros mismos. Esa energía debe usarse para la alegría.

Por ello, comienza a disfrutar el proceso del pensamiento. Simplemente observa los matices de los pensamientos, los giros que toman, cómo una cosa lleva a otra, cómo se enganchan unos con otros. ¡Es contemplar un verdadero milagro! Un pequeño pensamiento puede llevarte al final más alejado, y si observas no verás ninguna relación entre uno y otro.

Disfrútalo, deja que se convierta en un juego; juégalo deliberadamente y te sorprenderás: a veces solo disfrutándolo encontrarás pausas hermosas. De repente hallarás que un perro está ladrando y no surge nada en tu mente, no origina ninguna cadena de pensamientos. El perro sigue ladrando y tú continúas escuchando y no surge ningún pensamiento. Aparecerán pequeñas discontinuidades... pero no tendrán futuro. Llegan por sí solas y cuando lo hacen son hermosas. Y justo en esos pequeños huecos empezarás a observar al observador, pero eso será natural.

Nuevamente empezarán los pensamientos y los disfrutarás. Hazlo con tranquilidad, tómatelo con calma. La conciencia llegará a ti pero lo hará indirectamente.

Observar, disfrutar, dejar que actúen los pensamientos es tan hermoso como ver el mar con sus millones de olas. La mente también es un mar y los pensamientos son olas. Sin embargo, la gente disfruta de las olas del océano y no disfruta de las olas de su conciencia.

Transforma la mente

Siempre que quieras cambiar un patrón de la mente que se ha convertido en un hábito duradero, la respiración es lo mejor. Todos los hábitos mentales están asociados con el patrón de respiración. Modifica el patrón de respiración y la mente cambiará de inmediato, instantáneamente. ¡Inténtalo!

Siempre que observes que está surgiendo en ti un juicio y que estás cayendo en un viejo hábito, espira inmediatamente, como si estuvieras tirando el juicio con la exhalación. Espira profundamente, contrayendo el estómago, y, conforme sacas el aire, siente o visualiza cómo todo el juicio está siendo expelido.

Después aspira profundamente dos o tres veces. Simplemente observa qué pasa. Sentirás una frescura completa; el viejo hábito no habrá logrado tomar posesión.

Comienza con la espiración, no con la aspiración. Cuando quieras absorber algo, empieza con la aspiración; cuando quieras deshacerte de algo, inicia la espiración. Solo percibe la manera inmediata en que se ve afectada la mente. Enseguida verás que esta se ha movido a otro lugar; ha llegado una nueva brisa. No te encuentras en la vieja rutina, así que no repetirás el viejo hábito.

Esto sucede con todos los hábitos. Por ejemplo, si fumas y sientes la necesidad de fumar pero no quieres, inmediatamente espira profundamente y expele la necesidad. Respira intensamente y verás que la necesidad ha desaparecido de manera inmediata. Respirar puede convertirse en una herramienta sumamente importante para el cambio interno.

Canta aum

Cuando sientas demasiada perturbación a tu alrededor o que tu mente está demasiado distraída, simplemente canta *aum*.

Acostúmbrate, al menos veinte minutos por la mañana y veinte por la noche, a sentarte en silencio en una postura cómoda y, con los ojos semiabiertos, simplemente mira hacia abajo. La respiración debe ser lenta y el cuerpo no debe moverse. Empieza a cantar *aum* en tu interior; no hay necesidad de decirlo en voz alta. Será más penetrante con los labios cerrados; ni siquiera la lengua debe moverse. Repite *aum* rápidamente: *aum, aum, aum...,* rápida y fuertemente pero dentro de ti. Simplemente siente que está vibrando por todo el cuerpo: de los pies a la cabeza, de la cabeza a los pies.

Cada *aum* cae en tu conciencia como una piedra echada a un estanque. Surgen pequeñas olas y se distribuyen por todos lados. Las olas continúan expandiéndose y tocan todo el cuerpo.

Al hacer esto habrá momentos (y serán los momentos más hermosos) en los que no estarás repitiendo nada y todo se habrá detenido. De pronto te darás cuenta de que no estás cantando y de que todo se ha detenido. Disfrútalo. Si empiezan a llegar pensamientos comienza nuevamente a cantar.

Cuando lo practiques de noche, hazlo al menos dos horas antes de acostarte. Si lo haces justo antes de ir a la cama no podrás dormir, porque te habrá reanimado de tal manera que no tendrás sueño. Sentirás como si fuera por la mañana y hubieras descansado bien, así que no tendrá sentido dormir.

Puedes hacerlo rápido, o bien hallar tu propio ritmo.

Después de dos o tres días encontrarás el ritmo que se acomode a ti. A algunas personas les resulta adecuado hacerlo muy rápido, *aum, aum, aum*, casi solapándose. A otros les es conveniente practicarlo muy despacio. Depende de ti. Hazlo de la manera que más te guste.

Ten cuidado con el «no»

La mente siempre funciona de forma negativa. La función de la mente es precisamente negar, decir «no».

Simplemente obsérvate, mira cuántas veces dices «no» durante el día y reduce esa cantidad. Observa cuántas veces dices «sí» e incrementa esa cantidad.

Poco a poco irás viendo un pequeño cambio en la cantidad de «síes» y «noes», y tu personalidad estará cambiando desde la base. Observa cuántas veces dices «no» cuando un «sí» podría haber sido una respuesta más fácil, ya que en realidad no había necesidad de decir «no»... ¿Cuántas veces podrías haber dicho «sí» pero dijiste «no» o te quedaste callado?

Siempre que dices «sí» vas contra tu ego. El ego no puede comer «síes», se alimenta de «noes». Di «¡no!, ¡no!, ¡no!» y surgirá un gran ego dentro de ti.

Simplemente ve a una estación de tren; puedes estar solo frente a la ventanilla para comprar un billete, pero el empleado empezará a hacer algo, no te hará caso. Está tratando de decir «no»; te hará esperar, simulará que está muy ocupado, revisará su registro y te obligará a esperar. Eso le da una sensación de poder, de que él no es un empleado ordinario: puede hacer esperar a cualquiera.

La primera cosa que te viene a la mente es «no». «Sí» es difícil. Solo dices «sí» cuando te sientes totalmente desamparado y tienes que decirlo. ¡Simplemente obsérvalo! Conviértete en alguien que dice «sí»; deja de decir «no», pues es del veneno del «no» de lo que se alimenta el ego, de lo que se nutre.

Muévete de la cabeza al corazón

Sentir es la verdadera vida. Pensar es ficticio porque siempre es acerca de algo; nunca supone la vinculación con la cosa en sí. No es pensando en el vino como te embriagas, sino bebiéndolo. Puedes ponerte a pensar en el vino, pero simplemente pensando jamás te embriagarás. Tienes que beberlo, y beberlo sucede a través del sentimiento.

Pensar es una seudoactividad, una actividad sustitutiva. Te da una percepción falsa de que algo sucede, pero no sucede nada. Por lo tanto, pasa de pensar a sentir, y la mejor manera será empezar respirando desde el corazón.

Durante el día, tantas veces como te acuerdes, respira profundamente. Siente cómo la respiración golpea justo en mitad del pecho. Siente como si toda la existencia estuviera fluyendo hacia tu interior, en el lugar donde está el centro de tu corazón. La ubicación varía según la persona, pero en general está hacia la derecha. No tiene nada que ver con el corazón físico. Es una cosa totalmente diferente; pertenece al cuerpo sutil.

Respira profundamente, y hazlo siempre al menos cinco veces. Aspira y llena el corazón. Simplemente siente en el centro del pecho la manera en que la existencia está fluyendo a través del corazón. Vitalidad, vida, lo divino, la naturaleza: todo está entrando.

Entonces espira profundamente, otra vez desde el corazón, y siente que devuelves todo lo que se te ha dado a lo divino, a la existencia.

Hazlo varias veces al día, pero siempre que lo hagas respira cinco veces seguidas; esto te ayudará a pasar de la cabeza al corazón.

Te volverás más sensible, más consciente de muchas cosas de las que no lo eras. Vas a oler más, saborear más, tocar más. Vas a ver más y a oír más; todo se volverá intenso. Por lo tanto, muévete de la cabeza al corazón y todos tus sentidos se volverán luminosos de repente. Sentirás cómo la vida realmente vibra dentro de ti, lista para saltar y para fluir.

El silencio

Hay un sonido de felicidad constantemente en tu interior, como en el interior de todo el mundo. Solo tenemos que permanecer en silencio para oírlo. Como la cabeza es demasiado ruidosa, no puede escuchar la voz baja y débil del corazón. A menos que todo esté en silencio nunca la oyes, pero es la conexión entre la existencia y tú. Una vez que la has oído, sabes por dónde estás unido, ligado, a la existencia. Una vez que la has oído se vuelve muy fácil regresar a ella. Entonces puedes concentrarte y acceder a ella con facilidad, y siempre que lo hagas te rejuvenecerá, te dará una fuerza tremenda y hará que te sientas más vivo.

Si una persona es capaz de acceder una y otra vez a ese sonido interior, nunca pierde la pista de lo divino; puede vivir en el mundo y mantenerse en contacto con lo divino. Es posible adquirir poco a poco la habilidad hasta que incluso en un mercado bullicioso, por ejemplo, pueda uno oírla. Una vez que sabes que está ahí, no es difícil escucharla. Ni siquiera todo el ruido del mundo puede impedir que la oigas. El problema es oírla por primera vez, pues uno no sabe dónde está, ni qué es ni cómo llegar a ella. Lo único que se necesita es volverse más y más silencioso.

Siéntate en silencio. Cuando tengas tiempo, durante una hora al día no hagas nada: siéntate y escucha. Escucha los sonidos que hay alrededor, sin ningún propósito particular, sin ninguna interpretación acerca de lo que significan. Solo escucha sin razón alguna. Hay un sonido, así que hay que escucharlo.

De manera muy, muy lenta la mente empieza a quedar en silencio. Se oye el sonido pero la mente ya no lo interpreta, ya no lo aprecia ni piensa en él. De repente cambia la estructura. Cuando la mente está en silencio, escuchando los sonidos de fuera, se oye de repente un sonido que no viene del exterior sino del interior. Una vez que lo has oído, tienes el hilo de Ariadna en las manos.

Limítate a seguir el hilo, adéntrate más y más en el silencio. Hay un pozo muy profundo en el ser de cada persona, y aquellos que saben cómo entrar en él viven en un mundo totalmente diferente, en una realidad aparte.

Cambio de marchas

Se debe cambiar continuamente de actividad porque el cerebro tiene muchos centros. Por ejemplo, si haces matemáticas, funciona una cierta parte del cerebro y el resto descansa. Si lees poesía, la parte que estaba activa para las matemáticas descansa y otra parte empieza a funcionar.

Por ello en las universidades y escuelas cambiamos de materia después de cuarenta o cuarenta y cinco minutos: porque cada centro del cerebro tiene la capacidad de funcionar durante cuarenta minutos. Después se siente cansado y necesita reposar, y el mejor descanso es cambiar de tarea, de manera que empiece a trabajar otro centro y ese se relaje. El cambio continuo es excelente; te enriquece.

Lo normal es que hagas algo y la mente se obsesione; que lo busques de forma compulsiva. Eso no ayuda, uno no debe dejarse poseer tanto. Déjate absorber, pero siempre mantente como un maestro; si no, te convertirás en un esclavo. Incluso la esclavitud a la meditación no es positiva. Si no puedes dejar de hacer algo o te cuesta mucho trabajo, es simplemente una muestra de que no sabes cómo cambiar las marchas de la mente.

Así que haz lo siguiente:

Siempre que estés haciendo algo, como por ejemplo meditar, y quieras iniciar otra cosa, cuando termines de meditar simplemente espira tan profundamente como puedas durante cinco minutos. Después deja que el cuerpo aspire; no aspires tú. Ten la sensación de que estás sacando todo lo que había en la mente, el cuerpo y lo demás de tu sistema. Hazlo solo durante cinco minutos, después inicia alguna otra tarea. Inmediatamente sentirás que has cambiado.

Necesitas un punto muerto durante cinco minutos. Para cambiar las velocidades en un coche, primero hay que llevar la marcha a punto muerto; aunque sea para un solo movimiento, hay que hacerlo. Cuanto más eficiente sea el conductor, más rápido puede moverse a partir de punto muerto. Por lo tanto dale cinco minutos al punto muerto, durante los que no estés trabajando en nada, solo respirando, solo siendo. Poco a poco puedes ir reduciendo la cantidad de tiempo. Después de un mes hazlo durante solo cuatro minutos; después de dos meses, solo tres minutos, y sigue así.

Poco a poco llegará un punto en el que una sola espiración sea suficiente para terminar un trabajo (está cerrado, hay un alto completo) y empezar otro.

De la cabeza al corazón, del corazón al ser

El hombre puede funcionar desde tres centros: uno es la cabeza, otro es el corazón y el tercero es el ombligo. Si funcionas desde la cabeza les darás vueltas a más y más pensamientos. Son insustanciales, ensoñaciones; prometen mucho y no dan nada.

¡La mente es una gran trampa! Además, tiene una capacidad tremenda para embaucarte porque puede proyectar. Puede proporcionarte grandes utopías, grandes deseos, y siempre está diciendo: «Va a pasar mañana»..., ¡y nunca sucede! Nunca pasa nada en la cabeza. La cabeza no es un lugar para que ocurra nada.

El segundo centro es el corazón. Es el centro de la percepción; uno siente a través del corazón. Estás más cerca del hogar; no has llegado, pero estás más cerca. Cuando sientes, tienes más sustancia, más solidez. Cuando sientes, existe la posibilidad de que algo pase. Con la cabeza no hay posibilidad; con el corazón hay una pequeña.

Pero ni siquiera el corazón es lo verdadero. Lo verdadero es más profundo que el corazón, es el ombligo. Es el centro del ser. Pensar, sentir y ser: esos son los tres centros.

Siente más y pensarás menos. No luches contra el pensamiento porque luchar contra el pensamiento es crear otros pensamientos, de lucha. Entonces la mente no es derrotada. Si ganas, es la mente quien ha ganado; si pierdes, eres tú el que pierde. De cualquier manera eres derrotado, así que nunca luches contra los pensamientos, es en vano.

En lugar de luchar contra los pensamientos, dirige tu energía hacia el sentir. Canta en vez de pensar, ama en vez de filosofar, lee más poesía que prosa. Baila, observa la naturaleza y, hagas lo que hagas, que sea a partir del corazón.

Por ejemplo, si tocas a una persona, tócala desde el corazón. Toca sintiendo, permite que tu ser vibre. Cuando mires a alguien, que no sea con una mirada sin vida, pasiva. Permite que fluya la energía a través de tus ojos e inmediatamente sentirás que algo está sucediendo en el corazón. Es solo cuestión de intentarlo.

El corazón es el centro descuidado. Una vez que empiezas a prestarle atención, comienza a funcionar. Y cuando esto ocurre, la energía que se movía en la mente de manera automática empieza a moverse a través del corazón, y el corazón está más cercano al centro de energía, el ombligo. De este modo enviar energía a la cabeza es un trabajo difícil.

Así pues, el primer paso es sentir cada vez más. Cuando ya has dado ese paso, el segundo es sumamente fácil. Primero, ama: has recorrido la mitad del viaje, y así como es fácil moverse de la cabeza al corazón, lo es aún más moverse del corazón al ombligo.

En el ombligo eres simplemente un ser, un ser puro: sin sentimiento ni pensamiento. No te mueves. Es como el ojo del huracán.

Todo lo demás se mueve: la cabeza, el corazón y el cuerpo. Todo se está moviendo, todo está en un flujo constante. Solo el centro de tu existencia, el centro del ombligo, está inmóvil; es el eje de la rueda.

Un descanso

Todos los días, al menos durante una hora, siéntate en silencio en algún lugar. Ve al río o al jardín, a algún sitio donde nadie te moleste. Relaja los músculos del cuerpo, no te tenses, y con los ojos cerrados dile a la mente: «¡Adelante! Haz lo que quieras hacer. Yo seré testigo y te observaré».

Te sorprenderá; verás que durante unos momentos la mente no está trabajando. Durante unos momentos, a veces solo un segundo, comprobarás que la mente no está trabajando y en ese hueco tendrás una percepción de la realidad tal y como es, sin tu imaginación, que siempre está en funcionamiento. Sin embargo, solo será un momento, un momento muy breve, y después la mente volverá a trabajar. Comenzarán a fluir pensamientos y flotarán imágenes.

No te darás cuenta de inmediato. Solo después, cuando hayan pasado algunos minutos, verás que la mente está trabajando de nuevo y que habrás perdido el camino. Entonces llámale otra vez la atención y dile: «Haz lo que quieras y yo solo seré un testigo», y de nuevo se detendrá durante un segundo.

Esos segundos son valiosísimos. Son los primeros momentos de realidad, los primeros vislumbres, las primeras ventanas. Son muy pequeños, tan solo pequeños huecos que vienen y van, pero en esos momentos tendrás una muestra de la realidad.

Lentamente, poco a poco, esos intervalos serán cada vez más grandes. Aparecerán solo cuando estés realmente muy alerta.

Cuando estás muy alerta la mente no funciona, pues la atención misma funciona como una luz en un cuarto oscuro. Cuando hay luz, no hay oscuridad. Cuando tú estás presente, la mente está ausente; tu presencia es la ausencia de la mente. Cuando no estás presente, la mente empieza a funcionar. Tu ausencia es la presencia de la mente.

Aclara la confusión

Permite que la confusión esté dentro de ti. No trates de arreglar las cosas, no las planees, porque hagas lo que hagas no funcionará por ahora. Simplemente observa.

Puedes hacer una meditación todas las noches antes de acostarte. Simplemente siéntate en la cama en una posición cómoda, cierra los ojos y relaja el cuerpo. Si el cuerpo se inclina hacia delante, déjalo; está bien. Puede querer adoptar una postura fetal, como cuando el niño está en el vientre de su madre. Si tienes ganas, simplemente colócate en postura fetal. Conviértete en un niño pequeño que está en el vientre de su madre.

Entonces escucha tu respiración, nada más. Solo escúchala: el aire entrando y saliendo, entrando y saliendo. No lo verbalices, simplemente siente cómo entra y cómo sale. Solo siéntelo, y en esa percepción sentirás que surgen un silencio y una claridad inmensos.

Haz esta meditación solo de diez a veinte minutos (un mínimo de diez minutos y un máximo de veinte) y después duérmete. Sencillamente deja que las cosas sucedan como si tú no fueras el ejecutor.

Libera al parlanchín interior

Si hay un diálogo interno continuo, debe tener una causa interior. Entonces, más que reprimirlo, permítelo.

Al hacerlo desaparecerá. Quiere comunicarte algo. Tu mente quiere hablarte. Algo que no has estado escuchando, a lo que no has hecho caso, con lo que te has mostrado indiferente, quiere relacionarse contigo. Quizá no estés al tanto de esto porque siempre has estado peleando contra ella y tratando de detenerla y de convertirla en otra cosa. Todas las diversiones son una especie de represión.

Puedes hacer algo al respecto. Todas las noches antes de acostarte, siéntate durante cuarenta minutos frente a una pared y empieza a hablar; habla en voz alta. Disfrútalo. Si encuentras que hay dos voces, habla desde ambos lados. Apóyate en un lado y, luego, responde desde el otro y observa cómo puedes crear un interesante diálogo.

No trates de manipularlo, porque no lo estás diciendo para nadie. Si se vuelve loco, deja que siga adelante. No trates de cortar ni censurar nada, pues se perdería todo el sentido.

Hazlo durante al menos diez días durante cuarenta minutos cada vez, y de ninguna manera trates de contradecirte. Simplemente concentra toda tu energía. En diez días surgirá aquello que ha estado tratando de comunicarse contigo pero que tú no has oído, o algo que sabías que existía pero que no querías escuchar. Escúchalo y ya no te molestará.

Comienza estas conversaciones frente a la pared y adéntrate totalmente en ellas. Mantén las luces apagadas o muy bajas. Si tienes ganas de gritar y enfadarte mientras hablas, entonces enfádate y grita porque solo profundizarás si lo haces de corazón. Si te mantienes solo en un viaje de pensamientos en la cabeza y no haces más que repetir palabras como un disco rayado, no conseguirás que te sirva de ayuda, y aquello que quiere hablarte no surgirá.

Habla con sentimiento y con gestos, como si el otro estuviera presente. Después de unos veinticinco minutos te habrás entusiasmado. Los últimos quince minutos serán muy hermosos; los vas a disfrutar. Después de diez días verás que poco a poco el parloteo interior va desapareciendo y que has llegado a comprender algunas cosas acerca de ti que nunca habías entendido.

La decisión de los veinticuatro días

Una decisión es positiva cuando proviene de la vida. Es negativa cuando viene solo de la mente, ya que nunca es decisiva; es siempre un conflicto. Las alternativas permanecen abiertas y la mente continúa moviéndose todo el tiempo de un lado a otro. Así es como la mente crea conflicto.

El cuerpo está siempre aquí y ahora, y la mente no; ese es el conflicto. Tú respiras aquí y ahora; no puedes respirar mañana ni respirar ayer. Tienes que respirar en este momento. Sin embargo, puedes pensar en mañana y pensar en ayer. Entonces el cuerpo permanece en el presente y la mente brinca continuamente entre el pasado y el futuro. Hay una separación entre el cuerpo y la mente. El cuerpo está en el presente y la mente nunca está en él; nunca se encuentran, nunca se cruzan. Por esa separación surgen la ansiedad, la angustia y la tensión; esa tensión es preocupación.

La mente tiene que ser llevada al presente, pues no existe otro momento. Por lo tanto, siempre que comiences a pensar demasiado en el futuro o en el pasado, relájate y presta atención a tu respiración. Todos los días, durante una hora al menos, simplemente siéntate en una silla, relajado, ponte cómodo y cierra los ojos. Observa tu respiración. No la cambies; solo observa. Al hacerlo se irá volviendo más y más lenta. Si normalmente respiras ocho veces por minuto, empezarás a respirar seis veces, luego cinco, cuatro, tres y luego dos. Después de unas dos o tres semanas estarás respirando una vez por minuto. Cuando llegues a eso, la mente se acercará al cuerpo.

Con esta pequeña meditación llega un momento en que la respiración se detiene durante algunos minutos. Pasan tres o cuatro minutos y luego respiras. Entonces estarás en sintonía con el cuerpo y por primera vez sabrás qué es el presente. De otra forma es solo una palabra; la mente nunca lo ha conocido ni experimentado. Conoce el pasado y conoce el futuro, así que cuando hablas del «presente», la mente entiende algo entre pasado y futuro, algo en medio, pero no lo ha experimentado.

Así pues, durante veinticuatro días, una hora diaria, relájate con la respiración y déjala ser; ella fluye automáticamente. Cuando caminas respiras automáticamente. Muy, muy despacio se abrirán huecos, y esos huecos te darán la primera experiencia del presente. A partir de esos veinticuatro, veinticinco días, de pronto surgirá una decisión.

Es indiferente qué decisión sea. Lo más importante no es «qué» sino «de dónde» viene. Si viene de la cabeza traerá disgustos, pero si surge de tu totalidad jamás te arrepentirás ni por un momento. Una persona que vive en el presente no conoce el arrepentimiento; nunca mira hacia atrás. No cambia su pasado ni sus recuerdos y no prepara su futuro.

Una decisión desde la mente no es placentera. La misma palabra «decisión» significa «de-cisión»: te separa. No es una palabra positiva. Simplemente significa que te separa de la realidad. La mente te aleja continuamente de la realidad.

3. EL ARTE DEL CORAZÓN

Nutre tu potencial de amor

DIAGNÓSTICO

Nos hemos obsesionado demasiado con la cabeza. Toda nuestra educación y nuestra civilización están obsesionadas con la cabeza, porque con ella hemos hecho una gran cantidad de avances tecnológicos. Creemos que lo es todo.

¿Qué puede darnos el corazón? En efecto, no puede darte tecnología avanzada, una gran industria ni dinero. Puede darte alegría, celebración, una sensibilidad intensa por la belleza, la música, la poesía. Puede guiarte por el mundo del amor y finalmente por el mundo de la oración, pero estas cosas no están sujetas al comercio. No puedes sostener tu estabilidad financiera a través del corazón; no puedes librar guerras terribles, ni construir bombas atómicas o de hidrógeno, ni destruir gente a través del corazón. El corazón solo sabe cómo crear y la cabeza solo sabe cómo destruir. La cabeza es destructiva y toda nuestra educación ha sido confinada a ella.

Nuestras universidades y escuelas están destruyendo la humanidad. Creen que están haciendo un servicio pero solo se están engañando. A menos que el ser humano se equilibre, a menos que el corazón y la cabeza crezcan juntos, permaneceremos en la desolación y esta seguirá creciendo. Cuanto más nos atengamos a la cabeza y nos olvidemos de la existencia del corazón, sentiremos una mayor desolación. Estamos creando el infierno en la Tierra y lo seguiremos haciendo.

El paraíso pertenece al corazón. Sin embargo, el corazón ha sido olvidado completamente; ya nadie entiende su lenguaje. Entendemos la lógica, pero no entendemos el amor. Entendemos las matemáticas, pero no la música. Nos acostumbramos más a las maneras del mundo y nadie parece tener las agallas para hollar los senderos desconocidos, los laberintos ignorados del amor, del corazón. Nos hemos puesto en sincronía con el mundo de la prosa, y la poesía simplemente ha dejado de existir.

El poeta ha muerto, y el poeta es el puente entre el científico y el místico. El puente ha desaparecido. Por un lado está el científico, tremendamente poderoso, listo para destruir la Tierra, toda la vida, y, por otro, hay unos pocos místicos: un Buda, un Jesús, un Zaratustra, un Kabir. No tienen ningún poder en el sentido en que lo entendemos y son poderosísimos en un sentido totalmente diferente, pero no conocemos ese lenguaje. Además, el poeta ha muerto; esa ha sido la mayor calamidad. El poeta está desapareciendo.

Con «poeta» quiero decir también el pintor, el escultor. Todo lo creativo del hombre se está reduciendo para producir cada vez más bienes mercantiles. Lo creativo está perdiendo su fuerza y lo productivo se está convirtiendo en la meta de la vida.

En vez de valorar la creatividad, valoramos la productividad: hablamos sobre cómo producir más. La producción puede darte cosas pero no puede darte valores. Puede hacerte rico por fuera pero te empobrecerá por dentro. La producción no es creación. La producción es muy mediocre; cualquier estúpido puede producir, solo hay que aprender cómo hacerlo.

El poeta ha muerto, ya no existe. Y lo que existe en nombre de la poesía es casi prosa. Lo que existe en nombre de la pintura es más o menos demente. Puedes ver a Picasso, a Dalí y a otros; ¡es patológico! Picasso es un genio pero enfermo, patológico. Su pintura no es más que catarsis; lo ayuda, es como si vomitara. Cuando tienes algo en el estómago el vómito te alivia. Ayudó a Picasso; si no hubiera podido pintar se habría vuelto loco. Pintar le hacía bien, lo salvó de volverse demente, liberó su demencia hacia el lienzo. Pero ¿qué pasa con los que compran esas pinturas, con los que las cuelgan en sus habitaciones y las miran? Empezarán a enfermar con facilidad.

La creatividad de la que yo hablo es totalmente diferente. El Taj Mahal...; con solo verlo en una noche de luna llena provocará una gran meditación en ti. O los templos de Khajuraho, Konarak, Puri; simplemente medita sobre ellos y te sorprenderás, porque toda tu sexualidad se transformará en amor. Son milagros de creatividad.

Las grandes catedrales de Europa: son el anhelo de la tierra por alcanzar el cielo. Con solo ver esas grandes creaciones, surgirá una gran canción en tu corazón o descenderá un gran silencio sobre ti. El hombre ha perdido la pulsión poética, creativa, o bien esta ha sido asesinada. Estamos demasiado interesados por los bienes mercantiles, por las baratijas, por hacer más objetos. La producción tiene que ver con la cantidad, y la creación tiene que ver con la calidad.

Tendrás que hacer que el corazón regrese. Tendrás que ser consciente de la naturaleza otra vez. Tendrás que aprender a observar de nuevo las rosas, las flores de loto. Tendrás que entablar relación con los árboles y las rocas y los ríos. Tendrás que empezar un nuevo diálogo con las estrellas.

PRESCRIPCIONES

La alegría de amar

Siempre que amas, estás contento. Cuando no puedes amar, no puedes estar contento. La alegría es una función del amor, una sombra del amor; sigue al amor.

Por tanto vuélvete más cariñoso, y te volverás más alegre. No te preocupes por si tu amor es correspondido o no; eso no tiene nada que ver. La alegría sigue al amor automáticamente, con independencia de si es o no correspondido o de si la otra persona responde o no. Esa es la belleza del amor, que su resultado y su valor sean intrínsecos. No depende de la respuesta del otro, es tuyo por completo. Tampoco importa el objeto del amor: un perro, un gato, un árbol o una roca.

Siéntate junto a la roca y sé afectuoso. Conversa un poco. Besa la roca y acuéstate sobre ella. Siéntete uno con ella y repentinamente experimentarás una sacudida de energía, un surgimiento de energía, y serás inmensamente feliz. La roca no te habrá devuelto nada, o tal vez sí, pero ese no es el propósito. Te alegraste porque amaste. Quien ama es alegre.

Una vez que conoces esta llave, puedes estar alegre las veinticuatro horas. Si eres afectuoso las veinticuatro horas y ya no dependes de poseer objetos de amor, te vuelves más independiente, pues puedes ser afectuoso incluso sin que haya nadie. Puedes amar el mismo vacío que te rodea. Sentado solo en tu habitación lo llenas todo con tu amor. Puedes estar en prisión y convertirla en un templo en un segundo. En el momento en que la llenas de amor deja de ser una prisión. E incluso un templo se convierte en una prisión si no hay amor.

Abre los pétalos del corazón

A veces el corazón está ahí pero es como un capullo, no como una flor. Sin embargo, el capullo puede abrirse. Haz lo siguiente: inicia un proceso de respiración. Hazlo siempre que tu estómago esté vacío, tres horas antes o después de haber comido.

Saca todo el aire: espira profundamente, mete el estómago y expulsa todo el aire. Cuando sientas que ya no hay aire, mantente así tanto tiempo como puedas, unos dos o tres minutos. Tres minutos es lo mejor. Será muy difícil, pero poco a poco serás capaz de hacerlo; estarás completamente necesitado de aire y entonces entrará como un torrente. Sentirás mucha alegría y una gran vitalidad con ese torrente, y esto ayudará a que se abra tu corazón.

Necesitas algo que penetre tu corazón, y puedes realizar esta respiración siempre que quieras. No lo hagas más de siete veces por sesión. Puedes hacerlo tres, cuatro o cinco veces por día o incluso más; con eso no hay problema. Solo recuerda hacerlo con el estómago vacío, para que realmente puedas sacar todo el aire. Entonces déjalo fuera tanto tiempo como puedas. No te asustes, no te morirás, pues siempre que se vuelva imposible sostener el vacío, perderás el control y el aire entrará. Poco a poco serás capaz de mantener el aire fuera durante tres minutos, y entonces, cuando entre de manera torrencial, abrirá los pétalos de tu corazón. Esta es una de las maneras más eficaces de abrir el corazón.

Haz que tu amor sea como la respiración

Si almacenas la respiración, fallecerás, pues se volverá estéril, estará muerta. Perderá esa vitalidad, la cualidad de la vida. El caso del amor es similar. Es una especie de respiración y se renueva en todo momento. Siempre que uno se atasca en el amor y deja de respirar, la vida pierde todo significado. Eso es lo que le está sucediendo a la gente: la mente es tan dominante que incluso influye en el corazón, ¡y hasta logra hacerlo posesivo! El corazón no conoce el anhelo de poseer, pero la mente lo contamina y lo envenena.

Recuerda eso. Enamórate de la existencia y permite que tu amor sea como la respiración. Aspira, espira, pero deja que sea amor lo que entra y sale. Poco a poco, con cada respiración, tienes que crear la magia del amor. Esa será tu meditación: cuando espires, simplemente siente que estás irradiando amor hacia la existencia; cuando aspires, la existencia estará irradiando amor hacia ti.

Pronto verás que la calidad de tu respiración cambia. Empezará a convertirse en algo totalmente diferente de lo que antes habías conocido. Por eso en la India lo llamamos *prana*, «vida», no solo «respiración». No es solo oxígeno, hay algo más ahí; la misma esencia de la vida, lo divino. Si lo invitamos, entrará lentamente, con la respiración.

Que esta sea tu meditación, tu técnica. Siéntate en silencio respirando; respira amor. Te regocijarás y comenzarás a sentir una especie de danza interior.

La respiración del amado

La experiencia de respirar tiene que ser más y más profunda, vista con detalle, observada y analizada. Mira cómo cambia tu respiración con tus emociones y viceversa. Por ejemplo, cuando tengas miedo, observa el cambio en tu respiración. Entonces un día trata de respirar como cuando tenías miedo. Te sorprenderás de sentir el miedo otra vez, inmediatamente.

Observa tu respiración cuando estás muy enamorado de alguien. Cuando estéis cogidos de la mano, cuando abraces a quien amas, observa tu respiración. Entonces, un día, siéntate en silencio bajo un árbol y obsérvate otra vez respirando igual. Entra en la misma estructura, sigue el mismo patrón. Respira de la misma forma que cuando abrazas a la persona amada y te sorprenderás; ¡toda la existencia se convierte en quien amas! Otra vez está surgiendo mucho amor dentro de ti. Van juntos.

Observa tu respiración, porque ese ritmo de respiración afectuoso es lo más importante; transformará todo tu ser.

Cuando dos respiran como uno

Observa cada vez más qué ocurre en tus momentos de amor. Mantente alerta. Observa cómo cambia tu respiración. Observa cómo vibra tu cuerpo. Abraza a tu mujer o a tu hombre como un experimento y te sorprenderás. Un día, simplemente abrazados, mezclaos el uno con el otro, sentaos al menos una hora y os sorprenderéis; ¡será una de las experiencias más psicodélicas!

Durante una hora, sin hacer nada, solo abrazándoos, cayendo uno en el otro, emergiendo, mezclándoos, lentamente la respiración se volverá una. Respiraréis como si fuerais dos cuerpos pero un solo corazón. Respirarán juntos, y cuando esto suceda (no debido a un esfuerzo específico, sino solo porque estáis sintiendo tanto amor que la respiración lo sigue) viviréis los mejores momentos, los más preciosos; no de este mundo sino del más allá.

En esos momentos vislumbraréis por primera vez la energía meditativa. En esos momentos la gramática se rendirá y el lenguaje morirá. En el intento por expresarlo el lenguaje muere, y con su muerte apunta finalmente hacia eso que no puede decir.

Da la mano de forma consciente

Cuando le des la mano a un amigo, hazlo de manera consciente. Observa si tu mano despide calor o no. Si no lo hace, puedes darle la mano y no habrá comunicación ni transmisión de energía. De hecho, puedes darle la mano y que esté completamente fría y congelada. No hay vibración, no hay pulsación; no está fluyendo energía hacia el amigo. Entonces es en vano. Es un gesto vacío, un gesto impotente.

Cuando le des la mano a alguien observa dentro de ti si está fluyendo energía o no, y ayuda a dirigir esa energía; lleva la energía hacia allá, muévela.

Al principio será solo un ejercicio de imaginación, pero la energía sigue a la imaginación. Puedes hacerlo... Si quieres puedes tomarte el pulso y luego imaginar durante minutos que va más rápido. Después tómate el pulso otra vez, y verás que ha aumentado. La imaginación crea la raíz, canaliza la energía.

Cuando le des la mano a alguien, dásela de forma consciente e imagina que la energía está moviéndose ahí y que la mano se vuelve cálida y acogedora. Serás testigo de un gran cambio.

Mira con ojos de amor

Cuando mires a alguien, míralo con ojos de amor. Cuando mires a la gente, transmite amor a través de tu mirada. Cuando camines, hazlo esparciendo amor a tu alrededor. Al principio será solo imaginación, y después de un mes verás que se ha vuelto una realidad. Los demás empezarán a sentir que ahora tienes una personalidad más cálida, que acercarse a ti los hace sentir muy bien. Surge un sentimiento de bienestar.

Vuélvelo tu esfuerzo consciente; estar más atento al amor y emitir más amor.

Enamórate de ti mismo

Experimenta un poco con esto. Simplemente, siéntate bajo un árbol tú solo y enamórate de ti mismo por primera vez. Olvida el mundo, solo enamórate de ti mismo. De hecho, la búsqueda espiritual es la búsqueda por enamorarse de uno mismo. El mundo es un viaje relacionado con enamorarse de otros; la espiritualidad es un viaje relacionado con enamorarse del propio yo interior.

La espiritualidad es muy egoísta: es una búsqueda para uno mismo, una búsqueda del significado de uno mismo. Es regocijarte en ti mismo, saborearte, y cuando ese sabor empiece a darse dentro de ti... espera un poco, busca un poco. Siente tu unicidad, regocíjate de tu propia existencia... «¿Qué podría haber hecho si no hubiera nacido? ¿Cómo podría haberme quejado, y ante quién, si no hubiera estado ahí?»

¡Estás en esta existencia! Ese solo hecho, esa conciencia, la comprensión de «yo soy», supone la posibilidad de vislumbrar la alegría interior; simplemente regocíjate un poco con todo esto.

Que el sabor de todo ello inunde cada uno de tus poros. Déjate llevar por ese éxtasis. Empieza a bailar si tienes ganas, empieza a reír si lo deseas o empieza a cantar una canción si quieres, pero recuerda permanecer en el centro y permitir que los brotes de felicidad fluyan desde dentro de ti, no desde fuera.

4. LLEGAR A CONOCERTE

La búsqueda de tu rostro original

DIAGNÓSTICO

Debe entenderse la palabra «personalidad». Viene de «persona», que significa «máscara». En la antigua Grecia los actores de teatro usaban máscaras, las cuales eran llamadas «persona», pues el sonido venía de dentro de la máscara. «Sona» significa «sonido». La audiencia veía máscaras y de detrás de la máscara llegaba el sonido. De la palabra «persona» viene la palabra «personalidad».

Toda personalidad es falsa. Las buenas personalidades, las malas personalidades, la personalidad de un pecador o la de un santo; todas son falsas. Puedes tener puesta una máscara bonita o una máscara fea, no hay diferencia.

Lo importante es tu esencia.

La personalidad también es una parte necesaria del crecimiento. Es como atrapar un pez en el mar y dejarlo en la orilla; el pez regresa al mar. Por primera vez sabrá que siempre ha vivido en el mar; por primera vez sabrá que «el mar es su vida». Hasta ese momento, antes de que fuera atrapado y dejado en la orilla del mar, tal vez jamás hubiera pensado en el mar; puede haber sido absolutamente ignorante de la existencia del mar. Para conocer algo, primero tienes que perderlo.

Para tener conciencia del paraíso primero tienes que perderlo. A menos que lo pierdas y lo recuperes, no entenderás su belleza.

Adán y Eva tuvieron que perder el jardín del Edén; es parte del crecimiento natural. Solo dejando el hermoso jardín de Dios, Adán puede llegar un día a ser Cristo, puede regresar. Adán dejando el Edén es justo como el pez atrapado y dejado en la orilla, y Jesús es el pez regresando al agua.

La gente primitiva, por ejemplo, tiene algo en común con los niños muy pequeños. Son hermosos, espontáneos, naturales, pero totalmente inconscientes de lo que son; no están al tanto de sí mismos. Viven alegremente pero su alegría es inconsciente. Primero tienen que perderla. Tienen que civilizarse, educarse, aprender cosas; tienen que adquirir una cultura, una civilización, una religión. Tienen que perder toda su espontaneidad, tienen que olvidarse de su esencia y, de repente, un día empiezan a añorarla. Debe ser así.

Eso está sucediendo en todo el mundo, y está sucediendo en tan gran medida porque es la primera vez que la humanidad se está civilizando realmente.

Cuanto más civilizada es una nación, mayor es la sensación de falta de sentido. Los países atrasados todavía no la tienen; no pueden. Para tener esa sensación de vacío interior, falta de sentido, absurdo, uno tiene que volverse muy civilizado.

Por eso estoy a favor de la ciencia, porque ayuda a dejar el pez en la orilla, y una vez que está en la orilla y lo quema el sol, siente la arena caliente y el pez empieza a sentirse sediento. Nunca antes había tenido sed. Por primera vez añora el océano a su alrededor, la frescura, el agua que le da la vida. Se está muriendo.

Esa es la situación del hombre civilizado, el hombre educado: se está muriendo. Se investiga mucho al respecto. Queremos saber qué debería hacerse, cómo puede uno entrar otra vez en el océano de la vida.

En los países atrasados, como por ejemplo la India, no existe esa sensación de falta de sentido. Aunque algunos intelectuales indios escriban acerca de ella, sus escritos no tienen profundidad porque no corresponden a la situación de la mente del indio. Unos pocos intelectuales indios escriben sobre la falta de sentido, el absurdo, casi de la misma manera que Søren Kierkegaard, Jean-Paul Sartre, Jaspers, Heidegger... Han leído acerca de ellos y tal vez hayan visitado Occidente, así que empiezan a hablar de falta de sentido, náusea, absurdo, pero suena falso.

He hablado con intelectuales indios; resultan falsos porque no es su propio sentir, es prestado. Es Søren Kierkegaard hablando a través de ellos, es Friedrich Nietzsche hablando a través de ellos; no es su propia voz. No están realmente al tanto de lo que está diciendo Søren Kierkegaard; no han sufrido la misma angustia. El sentimiento es extraño, extranjero; lo han aprendido como loros. Hablan sobre eso pero toda su vida dice y muestra otra cosa. Lo que dicen y lo que su vida muestra es diametralmente opuesto.

Es rarísimo que algún intelectual indio llegue a suicidarse (yo nunca lo he oído), pero muchos intelectuales occidentales lo han hecho. Es muy raro cruzarse con un intelectual indio que haya enloquecido; es un fenómeno muy común en Occidente, donde muchos intelectuales han enloquecido. Los verdaderos intelectuales casi invariablemente han enloquecido; forma parte de su experiencia vital.

La civilización y la personalidad hipertrofiada se han convertido en una cárcel. Los están matando. El solo peso de la civilización es excesivo e insoportable. Se ahogan, no pueden respirar. Incluso el suicidio parece ser una liberación, o si no pueden suicidarse, la locura se presenta como otra vía de escape. Por lo menos, al enloquecer uno se olvida de la civilización y de toda la falta de sentido que conlleva el nombre de «civilización». La locura es una huida de la civilización.

Pero sentir que en el fondo la vida no tiene sentido es estar en un cruce de caminos: puedes escoger el suicidio o bien *sannyas*; puedes escoger la locura o bien la meditación. Es un punto decisivo.

Toda personalidad es falsa. Hay una esencia interior que no es falsa, que se trae al nacer, que siempre ha estado ahí.

Alguien le preguntó a Jesús: «¿Sabes algo acerca de Abraham?». Jesús respondió: «Antes de que Abraham jamás fuera, yo soy».

¡Qué afirmación tan absurda pero qué significado tan abrumador! Abraham y Jesús; hay un buen trecho entre ellos. Abraham precedió a Jesús en casi tres mil años y Jesús dice: «Antes de que Abraham jamás fuera, yo soy». Está hablando de la esencia. No está hablando de Jesús, está hablando de Cristo. Está hablando de lo eterno. No está hablando sobre lo personal sino acerca de lo universal.

La gente zen dice que a menos que llegues a conocer el rostro original que tenías aun antes de que tu padre naciera, no te iluminarás. ¿Cuál es ese rostro original? Incluso antes de que tu padre naciera tú ya lo tenías, y lo tendrás de nuevo cuando hayas muerto, tu cuerpo haya sido incinerado y no queden más que cenizas, lo tendrás otra vez.

¿Cuál es ese rostro original? La esencia, llámala «el alma», «el espíritu», «el yo interior»; esas palabras significan lo mismo. Naces como una esencia, pero si te mantienes como una esencia sin que la sociedad te cree una personalidad, permanecerás como animal. Ha sucedido con algunos.

Por ejemplo, se encontró a un niño en alguna parte del norte de la India cerca del Himalaya. Un niño de once años que había sido criado por lobos, un niño lobo. Por supuesto, los lobos solo pueden darle personalidad a un lobo; entonces el niño era humano, la esencia estaba ahí, pero tenía la personalidad de un lobo.

Ha sucedido en muchas ocasiones. Los lobos parecen ser capaces de criar niños humanos; demuestran cierto amor, cierta compasión por los niños humanos. Esos niños no tienen nada de la corrupción que la sociedad humana imprime sin remedio; su ser no está contaminado, es esencia pura. Son como peces en el océano; no saben quiénes son. Además, es muy difícil darles una personalidad humana una vez que han sido criados por animales; es un trabajo demasiado complicado. Casi todos los niños han muerto en el intento. No pueden aprender maneras humanas, es demasiado tarde. Ya han sido moldeados; se han convertido en personalidades fijas. Han aprendido cómo ser lobo. No conocen ninguna moral, no conocen ninguna religión. No son hinduistas, cristianos, mahometanos. No se preocupan por Dios; nunca han oído hablar de él. Lo único que conocen es la vida de un lobo.

Si la personalidad humana es una barrera, solo lo es en tanto te adhieres a ella. Tiene que ser atravesada; es una escalera, un puente. Uno no debe hacer su casa en el puente, es verdad, pero se tiene que pasar por él.

La personalidad humana es parcial. En una sociedad mejor les daremos personalidad a los niños, pero también la capacidad de deshacerse de ella. Eso es lo que falta en este momento; les damos personalidad, una personalidad demasiado rígida, de manera que quedan encapsulados, aprisionados, y nunca les proporcionamos una manera de deshacerse de ella. Es como darle a un niño una armadura y no decirle cómo quitársela, cómo tirar las partes una vez que haya crecido.

Lo que estamos haciendo con los seres humanos es exactamente lo que se hacía en la antigua China con los pies de las mujeres. Desde que eran niñas se les ponían zapatos de hierro, de manera que sus pies nunca crecían, permanecían pequeños. Los pies pequeños eran muy queridos, muy apreciados. Solo las familias aristocráticas podían darse ese lujo, pues era casi imposible para la mujer realizar cualquier cosa. La mujer no podía ni siquiera caminar correctamente, los pies eran demasiado pequeños para sostener el cuerpo. Estaban deformados y la persona tenía que caminar con ayuda. Una mujer pobre no podía permitirse ese lujo, así que los pies pequeños eran un símbolo de aristocracia.

Podemos reírnos de eso, pero seguimos haciendo lo mismo. ¡Hoy día en Occidente las mujeres caminan con unos zapatos absurdos, con esos tacones altos! Está bien si lo haces en un circo, pero esos tacones altos no son para caminar. Sin embargo, son apreciados, pues cuando una mujer camina con tacones altos se vuelve más atractiva sexualmente: las nalgas salen de manera más prominente. Además, al ser difícil caminar, sus nalgas se mueven más de lo que lo harían normalmente. Eso se acepta, está bien. ¡En otras sociedades causaría risa!

En todo el mundo las mujeres usan sostén, y creen que es muy convencional y muy tradicional. De hecho, un sostén hace que la mujer se vea más sensual; pero se trata simplemente de darle a su cuerpo una forma que no tiene. Es para ayudarla a que sus senos se mantengan y parezcan más jóvenes, para que no cuelguen. Sin embargo, las mujeres de sociedades tradicionales, que insisten en que las mujeres deben usar sostén, piensan que son muy religiosas y ortodoxas. Simplemente se están engañando; el sostén es un objeto sexual. Al igual que el sostén, hay sociedades primitivas que usan cosas extrañas; por ejemplo, en algunas son apreciados los labios más grandes y gruesos. Desde la primera infancia, se cuelgan pesos en los labios de manera que se vuelvan muy gruesos, grandes. Para ellos es un rasgo de una mujer muy sensual; ¡por supuesto que los labios más gruesos y grandes pueden dar mejores besos! En algunas sociedades primitivas el hombre incluso utilizaba una funda para sus órganos genitales de manera que parecieran más grandes, justo como las mujeres usan sostén. Ahora nos reímos de esa gente, ¡pero es la misma historia! Incluso las personas más jóvenes en todo el mundo usan pantalones muy apretados, y eso solo para mostrar los genitales. Sin embargo, una vez que algo es aceptado, nadie le hace el menor caso.

La civilización no debería convertirse en un cercado rígido. Es absolutamente necesario que tengas una personalidad, pero debes tener una personalidad que pueda ponerse y quitarse con facilidad, como ropa suelta, no como piezas de acero. El algodón bastará para que puedas ponértelo y quitártelo; no necesitas tenerlo puesto siempre.

Eso es lo que yo llamo una persona de entendimiento: una que vive con su esencia pero que, en lo que se refiere a la sociedad, se maneja con una personalidad. Usa la personalidad; es el señor de su propio ser.

La sociedad requiere que se tenga una cierta personalidad. Si llevas tu esencia a la sociedad crearás problemas para ti y para los demás. La gente no entenderá tu esencia; tu verdad puede ser demasiado amarga para ellos, demasiado perturbadora. ¡No hay necesidad! No necesitas ir desnudo por la sociedad, puedes llevar ropa.

Pero uno debe poder andar desnudo en su propia casa, jugando con sus hijos, tomando té una mañana de verano en el jardín, en el prado, uno debe poder estar desnudo. No hay necesidad de ir desnudo a la oficina; la ropa está perfectamente bien, no necesitas exponerte a todos y cada uno. Eso sería exhibicionismo, y estaría en otro extremo. Un extremo es que la gente no pueda ni siquiera irse a la cama sin ropa y otro que haya monjes jainíes caminando desnudos en el mercado o *sadhus* hinduistas desnudos. Además, lo extraño es que esos jainíes y esos hinduistas objetan que las mujeres de Occidente muestren los brazos desnudos, les parece que no llevan la ropa adecuada.

En un país cálido como la India, la gente que viene de Occidente encuentra realmente difícil llevar puesta mucha ropa. Le parece absurdo al viajero occidental ver a indios con chaqueta y corbata en ese clima. ¡Parece tan absurdo! Está bien en Occidente (hace frío y la corbata protege), pero en la India es como un intento de suicidio. En Occidente es adecuado ponerse calcetines y zapatos, pero ¿en la India? Sin embargo, la gente tiende a imitar. Anda todo el día con calcetines y zapatos en un país cálido. La vestimenta occidental no es adecuada para la India (pantalones apretados, chaqueta, corbata y sombrero) y simplemente hace que uno se sienta ridículo. En la India se necesita ropa holgada. Pero tampoco hay necesidad de irse al otro extremo: empezar a correr desnudo, andar desnudo en bicicleta por el mercado. Crearía problemas innecesarios a uno mismo y a los demás.

Uno debe ser natural, y con «ser natural» quiero decir que uno debe ser capaz de ponerse la personalidad cuando sea necesario, en la sociedad. Funciona como un lubricante, ayuda, pues hay miles de personas. Se necesitan los lubricantes porque si no la gente estaría en conflicto constantemente, chocando unos con otros. Los lubricantes ayudan; hacen que tu vida se deslice con suavidad.

La personalidad sirve cuando te estás comunicando con otros, pero es una barrera cuando empiezas a comunicarte contigo mismo. La personalidad es útil cuando te relacionas con seres humanos, pero es una barrera cuando comienzas a relacionarte con la existencia misma.

PRESCRIPCIONES

La luz interior

Todo niño en el vientre de su madre está lleno de luz; es una luz interior, un brillo interior. Sin embargo, cuando el niño nace, abre los ojos y ve el mundo, los colores, la luz y la gente, y lentamente va cambiando el patrón. Olvida mirar hacia dentro, se interesa demasiado por el mundo exterior. Se ve absorbido de tal manera que, muy lentamente, se va olvidando de que puede mirar hacia dentro.

En la meditación, uno tiene que volver a conectarse con esa fuente interna de luz, olvidarse de todo el mundo e ir hacia dentro, sintonizarse con su interior, como si el mundo hubiera desaparecido, como si no existiera.

Por lo menos una hora todos días, uno tiene que olvidar al mundo por completo y ser solo uno mismo. Entonces, lentamente, se vuelve a dar la antigua experiencia. Ese momento, cuando se llega a conocer la luz interior, es tremendo, pues ahora se han visto el mundo y su variedad, se han visto todos los sonidos. Después de todo eso, percibir el silencio interno y la pureza de la luz es una experiencia totalmente diferente. Además, nutre tanto, revitaliza tanto... Es la fuente del néctar.

Por ello esta puede ser tu meditación para las noches, temprano por la mañana o cuando tengas tiempo. Cuanto más fácil sea olvidarse del mundo (como por ejemplo por la noche, cuando ya no hay tráfico, la gente se ha ido a dormir y todo el mundo ha desaparecido por acuerdo propio), más fácil será entrar. También puede ser temprano por la mañana, cuando la gente todavía está dormida. Sin embargo, una vez que empieces a ver la luz interior, podrás verla en cualquier momento. En el mercado, a mediodía, podrás cerrar los ojos y verla, y aunque sea solo por un momento, es muy relajante.

Empieza haciéndolo por la noche. Siéntate en silencio durante una hora mirando hacia dentro, observando y esperando a que explote la luz. Un día lo hará. No vas a crearla, solo vas a redescubrirla.

Hazle sitio a la alegría

Conocerse a uno mismo es elemental. No es difícil, no puede serlo. No necesitas aprender nada para saber quién eres, solo tienes que desaprender algunas cosas.

La primera: tienes que desaprender que te importen las cosas.

La segunda: tienes que desaprender que te importen los pensamientos.

La tercera se da por sí sola: ser testigo.

La clave es, primero, empezar a observar las cosas. Sentado en silencio, mira un árbol y mantente observador. No pienses en él. No preguntes: «¿Qué tipo de árbol es?». No juzgues si es hermoso o feo. No digas «es verde» o «está seco». No crees ondas de pensamientos alrededor de eso, solo mira el árbol.

Puedes hacerlo donde sea, observando cualquier cosa. Solo recuerda: cuando el pensamiento venga, déjalo a un lado. Apártalo a un lado y sigue viendo lo que veías.

Al principio será difícil, pero después de un tiempo empezarán a darse intervalos en los que no habrá pensamiento. Encontrarás que surge una gran alegría a partir de esa sencilla experiencia. No ha pasado nada, es solo que los pensamientos no están ahí. El árbol está ahí, tú estás ahí y entre ambos hay espacio. El espacio no está lleno de pensamientos. De repente hay una gran alegría sin razón aparente, sin razón alguna. Has aprendido el primer secreto.

Esto debe usarse de una manera más sutil. Los objetos son toscos, por eso digo que comiences con un objeto. Puedes sentarte en tu habitación, mirar una fotografía; lo único que debes recordar es que no hay que pensar en ella. Solo mira sin pensar. Lentamente empezará a suceder. Mira la mesa sin pensar y poco a poco la mesa estará ahí, tú estarás ahí y no habrá ningún pensamiento entre ambos. Y repentinamente... alegría.

La alegría es una consecuencia del no pensar. La alegría ya está ahí, pero reprimida por tantos pensamientos. Cuando los pensamientos desaparecen, sale a la superficie.

Comienza con lo tosco. Después, cuando hayas entrado en sintonía y empezado a sentir momentos en que los pensamientos desaparecen y solo los objetos están ahí, haz lo siguiente:

Cierra los ojos y observa cualquier pensamiento que pase, sin pensar en el pensamiento. Si surge algún rostro en la pantalla de tu mente o se mueve una nube o cualquier cosa, solo obsérvalo sin pensar.

Esto será un poco más difícil que lo anterior porque las cosas son más toscas y los pensamientos son muy sutiles. Sin embargo, si ha sucedido lo primero, sucederá lo segundo; solo se necesita tiempo. Observa el pensamiento. Después de un rato... Puede suceder después de semanas, puede suceder después de meses o puede tardar años, depende del empeño y la entrega con que lo hagas. Entonces un día, de repente, el pensamiento ya no está ahí. Estás solo. Surgirá una gran alegría, mil veces mayor que la primera que surgió cuando el árbol estaba ahí y el pensamiento había desaparecido. ¡Mil veces! Será tan inmensa que estarás desbordante de alegría. Este es el segundo paso. Cuando esto empiece a suceder, haz la tercera cosa: observa al observador. Así, ya no habrá objeto. Se han desechado los objetos y los pensamientos; estás solo. Entonces simplemente observa al observador, sé testigo de que estás siendo testigo.

Nuevamente será difícil en un principio porque solo sabemos cómo observar algo: un objeto o un pensamiento. Incluso un pensamiento es algo que, cuando menos, se puede observar. En ese momento no habrá nada, será el vacío absoluto. Solo queda el observador. Tienes que volverte hacia ti.

Esta es la llave más secreta. Simplemente andas por ahí solo. Descansa en esa soledad y llegará un momento en que sucederá. Tiene que suceder. Si han sucedido las dos primeras cosas, sucederá la tercera; no te preocupes por ella.

Cuando esto pase, por primera vez sabrás qué es la alegría. No es algo que te esté sucediendo y pueda irse. Eres tú en tu ser auténtico, es tu ser verdadero. Entonces no desaparecerá. No hay manera de perderla. Habrás vuelto al hogar.

Tienes que desaprender cosas, pensamientos. Primero observa lo tosco, después observa lo sutil y después observa lo que está más allá de lo tosco y de lo sutil.

¿Todavía estás aquí?

El maestro zen Obaku preguntaba todas las mañanas: «Obaku, ¿todavía estás aquí?».

Sus discípulos decían: «¡Si te oye gente de fuera pensará que estás loco! ¿Por qué haces eso?».

Él decía: «Porque de noche me olvido de todo..., una mente solitaria sin sueños ni pensamientos..., cuando me despierto tengo que recordarme a mí mismo otra vez que Obaku está aquí. ¿A quién le puedo preguntar? Solo puedo preguntármelo a mí: "Obaku, ¿todavía estás aquí?"».

Y él mismo se respondía: «¡Sí, señor!».

Uno debe tener un respeto profundo hacia sí mismo. Más que repetir los nombres de Rama y Krishna, es una disciplina muy buena preguntarte a ti mismo; pronuncia tu nombre y pregunta: «¿Todavía estás aquí?» (que no te preocupe si alguien te oye), y respóndete: «¡Sí, señor!».

Si puedes hacerlo, te sorprenderás de que a tu diálogo le seguirá un gran silencio. Cuando preguntas «¿Todavía estás aquí?» y respondes «¡Sí, señor!», después sigue un gran silencio. Es también un recuerdo de tu propio ser, y un respeto, una gratitud de que se te ha dado un día más, de que el sol va a salir otra vez, de que por un día más podrás al menos ver las rosas florecer.

Nadie lo merece pero la vida, en su abundancia, sigue vertiéndolo sobre ti.

Encuentra tu propio sonido

Empieza a sentir que surge un sonido de tu garganta como un gemido, un gruñido o un tarareo. Siente surgir el movimiento del sonido. Si te dan ganas de emitir algún ruido, hazlo de corazón. No seas tímido ni evites dejarte ir. Si tu cuerpo empieza a moverse o vibrar, permítelo. Deja que el sonido te posea.

En tu ser hay un gran sonido como reserva y a veces quiere explotar. A menos que explote, tú no te sentirás ligero. Tienes que ayudarlo. Quiere nacer y tú quieres que te posea; es la única manera en que puedes ayudarlo.

Nuestro ser básico está constituido por sonido; ese es uno de los más antiguos entre los grandes descubrimientos referentes al ser humano.

A menos que participes, tu propio sonido no puede empezar a funcionar. No puede funcionar por el solo hecho de que lo escuches. Tiene que volverse activo, móvil y vivo. Entonces empieza a tararear y a cantar. Todas las mañanas levántate muy temprano, a las cinco, antes del amanecer, y durante una media hora canta, tararea, gime y gruñe. Esos sonidos no deben tener significado, sino existencia. Disfrútalos, nada más; ese es el significado. Muévete. Deja que sea en honor al sol naciente y no te detengas hasta que el sol haya salido.

Esto te mantendrá en un cierto ritmo durante todo el día. Estarás en sintonía desde temprano y verás que el día es diferente. Serás más cariñoso, más comedido, más compasivo, más amigable; menos violento, menos colérico, menos ambicioso y menos egoísta.

Si tienes ganas de bailar, baila; si quieres mecerte sentado, hazlo. Lo importante es que tú ya no tienes el control, el sonido te controla.

Observa las pausas

Comienza haciendo una pequeña meditación de respiración.

Siéntate sobre una almohada de manera que las nalgas queden un poco por encima de las rodillas. Entonces endereza la columna. Mece un poco el cuerpo hasta que sientas que queda perfectamente equilibrado; detente ahí. Empieza a moverte en círculos pequeños, cada vez más y más pequeños, solo para sentir cuál es el lugar correcto, dónde deberías estar. Cuando llegues a sentir que tu espina dorsal está en la posición más derecha, que estás en el estado más equilibrado y conectado en línea recta con el centro de la Tierra, sube un poco la barbilla de manera que las orejas queden en línea recta con los hombros.

Cierra los ojos y observa tu respiración. Primero, la aspiración; siente cómo entra por las fosas nasales. Síguela hacia abajo hasta el fondo. Llega un momento en que la aspiración es completa; solo un instante, cuando la aspiración ha terminado y hay un espacio de tiempo. Después de ese espacio empieza la espiración, pero entre la aspiración y la espiración hay un pequeño intervalo.

Ese intervalo es de un valor inmenso. Eso es el equilibrio, la pausa. Nuevamente sube con la espiración, recorre todo el camino. Se da el mismo espacio en el otro extremo. La espiración ha terminado y tiene que empezar la aspiración. Entre ambas hay otra vez un intervalo. Observa ese intervalo.

Durante uno o dos minutos limítate a observar la respiración entrando y saliendo. No hace falta que respires de una manera particular, simplemente hazlo de forma natural. No tienes que respirar profundamente. No debes cambiar en absoluto tu respiración, solo tienes que observarla.

Después de uno o dos minutos de hacerlo, empieza a contar. Cuenta uno cuando aspires. No cuentes cuando espires; solo debe contarse la aspiración. Llega a diez y después regresa; otra vez de uno a diez, y repite de nuevo. A veces puedes olvidarte de observar la respiración; entonces regresa a observarla. Otras puedes olvidarte de contar o puedes seguir contando más allá de diez: once, doce y trece... Entonces empieza otra vez desde uno.

Debes recordar esas dos cosas: observar (y en particular los intervalos, los dos intervalos) hasta arriba y hasta abajo. La experiencia del intervalo eres tú, es tu núcleo interior, es tu ser.

Y cuenta, pero no pases de diez y regresa a uno, y solo cuenta la aspiración.

Esto ayuda a la toma de conciencia. Tienes que estar consciente, pues si no empezarás a contar la espiración. Tienes que estar consciente para contar solo hasta diez. Esto es para ayudarte a permanecer alerta. Tienes que hacerlo de veinte a treinta minutos diarios.

Si disfrutas esta meditación, sigue haciéndola. Es de un valor inmenso.

Siéntete como un dios

La idea de ser un dios puede ayudarte muchísimo. Simplemente empieza a vivir de esa manera. Camina como un dios, como lo harías si fueras un dios, y verás que repentinamente se dan muchos cambios en tu energía. Siéntate como un dios, habla y compórtarte como un dios, pero siempre recuerda que tú eres un dios y que el otro también lo es. Mira un árbol como si tú lo hubieras creado. Eres un dios y el árbol también.

Pronto verás (una vez que hayas creado el clima y la idea haya quedado realmente enraizada) que respiras, amas, hablas y te relacionas de manera diferente. Ese clima cambiará todo lo que te rodea.

Revive la infancia

Un niño requiere todo tipo de protecciones, pero tarde o temprano deja de necesitarlas. Sin embargo, esas protecciones permanecen arraigadas y se mantienen, e inevitablemente hay un conflicto entre la estructura y la conciencia.

Entonces, solo hay dos caminos. Uno es no permitir que la conciencia crezca. Así estás perfectamente cómodo, pero esa comodidad es como la muerte, además, tiene un gran coste. La otra posibilidad es romper la estructura. Es fácil hacerlo si eres amable, comprensivo, tierno y agradecido hacia esa estructura porque te ha ayudado hasta ahora, te ha protegido.

Toda nuestra vida debe convertirse simplemente en una historia de comprensión; nada de miedo, nada de enfado, no hacen falta. Son obstáculos innecesarios para la comprensión. Puedes hacer dos cosas que te ayudarán.

Todas las noches, antes de acostarte, siéntate en la cama y apaga la luz. Vuélvete un niño pequeño, tan pequeño como puedas conseguir, como puedas recordar; tal vez tres años, porque esa parece ser la memoria más antigua. Lo de más atrás se te ha olvidado casi por completo. Vuélvete un niño de tres años. Todo está oscuro y el niño está solo. Empieza a llorar, balancéate y balbucea cualquier sonido, cualquier palabra sin sentido. No deben tener sentido, pues siempre que se lo encuentres, empezarás a controlar y a censurar. No hace falta que tenga sentido; cualquier cosa sirve. Balancéate, llora, chilla y ríe. Enloquece y déjate llevar.

Te sorprenderás; comenzarán a aparecer muchos sonidos, a llegar a la superficie. Pronto te adentrarás y se convertirá en una meditación espectacular, apasionada. Si vienen gritos, grita, solo disfrútalo por el puro gozo que causa, de diez a quince minutos.

Después duérmete. Con la simplicidad y la inocencia de un niño, duérmete.

Esa será una de las cosas más importantes para disolver la estructura que hay alrededor de tu corazón y volver a ser un niño. Esto es para la noche.

Durante el día, siempre que encuentres una posibilidad, hazlo si estás en la playa, corre como un niño o recolecta conchas y piedras de colores. Si estás en el jardín, conviértete otra vez en un niño; empieza a correr tras las mariposas. Olvida tu edad, juega con los pájaros o con los animales, y siempre que encuentres niños, mézclate con ellos; no permanezcas como adulto. Esto es siempre posible. Simplemente tendido en un prado, siéntete como un niño pequeño bajo el sol. Siempre que sea posible permanece desnudo, de manera que puedas sentirte otra vez como un niño.

Lo único que necesitas es conectarte otra vez con tu niñez. Regresa a tus recuerdos. Tienes que llegar a la raíz, porque solo pueden cambiar las cosas si podemos llegar hasta sus raíces; si no, es imposible.

Tan solo realiza esas dos acciones. Medita todas las noches y te sorprenderás de cómo viene la relajación, de lo profundo que se vuelve tu sueño y de lo bien que descansas. Por la mañana no te sentirás como cuando tienes pesadillas, sudas y sientes opresión en el pecho. Por el contrario, te sentirás muy relajado, suelto, otra vez un niño pequeño, sin rigidez. Por lo tanto, durante el día, siempre que haya una posibilidad de volverte un niño, no la desperdicies. En el baño, de pie frente al espejo, haz muecas como las haría un niño. Sentado en la bañera, dale manotazos al agua como lo haría un niño o ten patos de plástico y cosas para jugar. Puedes encontrar mil y una alternativas.

La cuestión es que comiences a vivir otra vez tu niñez. Hay algo ahí listo para florecer pero no hay espacio. El espacio debe ser creado.

Recuerda al que está dentro

Siempre recuerda al que está dentro del cuerpo. Caminando, sentado, comiendo o haciendo cualquier cosa, recuerda al que no está ni caminando, ni sentado ni comiendo.

Todas las acciones están en la superficie y más allá de toda acción está el ser. Por lo tanto, permanece al tanto del no hacedor durante la acción, del no moviente durante el movimiento.

Danza bajo la luna llena, canta bajo la luna llena, y pronto encontrarás que surge un nuevo ser en ti que no es tu personalidad: es tu esencia. La luna hará que aflore, solo tienes que ser consciente de ella.

Bailar una noche de luna llena es una de las más grandes meditaciones. Sin propósito alguno, simplemente baila con la luna, permitiendo que te penetre. Cuando bailas eres vulnerable, estás más abierto. Si realmente te emborrachas con el baile (el bailarín desaparece y solo está el baile), entonces la luna penetra hasta el centro de tu corazón, sus rayos llegan hasta el interior de tu ser.

Empezarás a encontrar que cada noche de luna llena se convierte en un hito en tu vida.

5. VISIÓN CLARA

Aprende a ver más allá de las apariencias

DIAGNÓSTICO

«Filosofía» significa pensar acerca de la verdad, «amor al saber». Lo que tenemos en la India es algo totalmente diferente. Lo llamamos *darshan*. Y «darshan» no significa «pensar», significa «ver».

Tu verdad no es para que pienses acerca de ella, es para que la veas. Ya está ahí. No tienes que ir a ningún lado para encontrarla. No tienes que pensar acerca de ella, tienes que dejar de pensar de manera que pueda emerger a la superficie de tu ser.

Se necesita espacio dentro de ti para que la luz que está escondida pueda expandirse y llenar tu ser. No solo llena tu ser, sino que también empieza a manar de él. Toda tu vida se vuelve una belleza que no es del cuerpo sino que irradia desde dentro, la belleza de tu conciencia.

PRESCRIPCIONES

Limpia tu mirada

Es tu visión lo que determina el mundo. No vivimos en el mismo mundo porque nuestras formas de ver son diferentes. Hay tantos mundos como personas, por eso el choque. Por eso los conflictos en el amor, en la amistad: porque dos maneras de ver las cosas no pueden concordar. Se traslapan o chocan. Tratan de manipularse y de dominarse una a otra. En el fondo, el hecho es que hay dos maneras de ver y hay una gran lucha para ver quién gana, para ver de quién es el ojo que resulta ser el que tiene la razón.

Cuando te vuelves hacia dentro, hay un tercer ojo. Tus dos ojos se encuentran en un punto profundo dentro de ti. Nunca se encontrarán fuera, no pueden. Cuanto más lejos veas, más lejos estarán; cuanto más te acerques, más se acercarán. Cuando cierras los ojos, se vuelven uno, y este solo ojo puede ver la realidad tal como es. Es ver sin ver. Es ver sin ningún medio. Es ver de manera no corrompida. Los siete colores del arcoíris se han hecho uno y se han convertido en blanco otra vez.

La gente está muy interesada en tener ojos hermosos. Más bien deberían interesarse en tener una manera hermosa de ver las cosas. Más que tener ojos hermosos, ten una visión hermosa. Ve de manera hermosa. Ve al uno, al que no está dividido, al eterno; eso es lo que quiero decir con «ve de manera hermosa». Es posible. Está a nuestro alcance; lo único que sucede es que nunca lo hemos intentado. Nunca hemos visto para nada ese potencial. Nunca nos hemos imaginado la posibilidad de que sea un hecho. Se ha mantenido como una semilla. El tercer ojo ha permanecido como una semilla.

Una vez que tu energía entra y cae sobre el tercer ojo, este empieza a abrirse. Se convierte en un loto, florece y, repentinamente, todo el patrón de tu vida cambia. Eres una persona diferente. Ya no eres el mismo; nunca podrás volver a ser el mismo y el mundo nunca podrá volver a ser igual. Todo es igual y, sin embargo, nada será lo mismo. Has logrado ver con un solo ojo.

Medita más con los ojos cerrados, trata de ver hacia dentro cada vez más. Al principio es difícil. Está muy oscuro, pues has olvidado incluso cómo mirar hacia dentro. Lo has negado y soslayado. Lentamente se irán rompiendo las rocas de los hábitos viejos y serás capaz de sentir, asir, tantear, y poco a poco te irás acostumbrando y serás capaz de ver.

Al principio encontrarás la oscuridad absoluta. Es como si estuvieras en el exterior bajo el sol y entraras en tu cuarto, que está oscuro, y no pudieras ver durante unos segundos; después los ojos se adaptan. Paulatinamente, el cuarto deja de estar oscuro y se va llenando de luz.

Sucede lo mismo con tu interior. Durante un tiempo todo estará oscuro, pero si persistes (y la persistencia es meditación), si eres paciente (y la paciencia es meditación), si continúas yendo más hacia dentro, un día tropiezas con la fuente de tu energía. De repente desaparece la oscuridad, todo es luz y hay una grandeza y un esplendor que uno ni siquiera puede soñar.

Llénate con el amanecer

Para algunas personas, el sol puede funcionar como el gran despertador de conciencia; depende del tipo de persona. Para otras, ese mismo sol puede ser muy molesto.

Tendrás que encontrar los momentos adecuados porque, cuando el sol se ha elevado mucho, ya no puedes mirarlo sin que te dañe los ojos.

Temprano por la mañana, cuando el sol esté saliendo (el sol bebé, así es como llamamos al sol de las primeras horas de la mañana en la India: el sol bebé, suave), puedes mirarlo por unos momentos y absorber tanta energía como seas capaz. Tendrás que encontrar los momentos apropiados porque, cuando el sol se ha elevado demasiado, no puedes mirarlo sin que te dañe los ojos. Solo bébelo, literalmente bébelo. Ábrete a él y empápate de su energía. Al atardecer, cuando el sol se ponga, puedes mirarlo otra vez.

Lentamente, llegarás a ser capaz de cerrar los ojos en cualquier momento y mirar el sol; entonces puedes meditar interiormente sobre el sol. Sin embargo, empieza por lo exterior; siempre es bueno empezar desde el exterior, desde lo objetivo, y después moverte lentamente hacia lo subjetivo.

Una vez que eres capaz de ver el sol con los ojos cerrados y de visualizarlo, ya no hay necesidad de meditar sobre el sol exterior. El sol interior funcionará, pues todo lo que hay fuera también está dentro; hay una correspondencia inmensa entre lo exterior y lo interior.

El sol interior tiene que ser provocado y retado. Una vez que empiece a funcionar, verás que tu vida cambia por sí sola. Verás que surge una gran energía en ti y que hay algo que no puedes agotar. Puedes hacer tanto como quieras y no se agotará.

Una vez que has entrado en contacto con la fuente inagotable, la vida es rica. Ya no conoce la pobreza. Es rica interiormente. Nada exterior importa; todas las situaciones son casi iguales. En el éxito, en el fracaso, en la pobreza o en la riqueza, uno permanece tranquilo y no se distrae, pues uno sabe que «mi energía básica está dentro de mí». Uno sabe que «las circunstancias externas no afectan a mi tesoro básico».

Esas circunstancias externas son importantes solo si no estamos al tanto del interior. Una vez que conocemos el interior, lo exterior empieza a marchitarse y su importancia simplemente desaparece. Por ello podemos ser mendigo y emperador a la vez. Podemos fallar en todo lo relativo al mundo exterior y, sin embargo, tener éxito. Además, no hay queja, no hay cicatriz; uno se siente absolutamente feliz independientemente de las circunstancias. Eso es algo auténtico.

Sé observado por Dios

Imaginar que Dios te observa es uno de los métodos más antiguos. Cambia la vida por completo. Una vez que esta idea esté profundamente enraizada en ti (la idea de que Dios está observándote), empiezan a darse cambios sutiles. De pronto hay algunas cosas que no puedes hacer; parecen muy absurdas frente a la idea de que Dios te está observando. Y algunas cosas que nunca has hecho se vuelven más fáciles porque Dios te está observando.

Esta es solo una técnica para crear una situación nueva en tu ser. Después de solo siete días empezarás a darte cuenta de que suceden cambios sutiles; caminas de forma diferente, hay más elegancia, más gracia, pues Dios te está observando. No estás solo; la presencia del divino te sigue siempre.

Tan solo piensa en esto: estás en el baño y de repente te das cuenta de que tu hijo está mirando por el hueco de la cerradura. Cambias inmediatamente; ya no eres la misma persona. Si estás solo en la calle temprano en la mañana y no hay nadie, caminas de cierta manera, y si de repente aparece una persona en la esquina hay un cambio inmediato.

Cuando alguien te observa, estás más alerta y más consciente. Cuando alguien te está observando, no puedes permanecer aletargado ni inconsciente.

Si la sensación de que Dios te está observando se vuelve parte de tu ser, sentirás que surge una gran conciencia en ti. Por lo tanto tienes que estar alerta respecto a eso. Simplemente siéntate en silencio, cierra los ojos y siente que el divino te está observando desde todos lados. Percibe cómo surge en ti una nueva forma de conciencia y que te estás convirtiendo en un pilar de luz.

Recuérdalo al comer o al hablar y verás que no estás diciendo tonterías. Verás que tu conversación ha cobrado más significado y se ha vuelto más poética, que hay una especie de música que nunca antes había estado en ella. Ama a un amigo y verás que tu amor tiene la cualidad de la plegaria en sí, pues Dios te está observando. Todo tiene que convertirse en una ofrenda, tiene que ser digno del divino.

Contempla la luna

La noche de luna llena tiene un impacto muy alquímico en la conciencia humana.

La próxima vez que se acerque una noche de luna llena, al menos cinco días antes siéntate durante la noche simplemente a esperar. Espera una hora cada noche durante cinco días. Entonces llegará la luna llena, y esa noche espera por lo menos dos o tres horas. No tienes que hacer nada; solo estar ahí, disponible. Si sucede, estarás preparado; si no sucede, no hay nada de qué preocuparse. Si no sucede, no te sientas frustrado porque no tiene nada que ver con lo que tú hagas. Si sucede, no sientas que has hecho algo muy grande; si no, nunca sucederá otra vez. Si sucede, siéntete agradecido; si no sucede, simplemente sigue esperando.

Espera cada noche de luna llena. No desees, pues eso es una perturbación y lo envenena todo. Es una puerta al más allá. Simplemente comienza a esperar, pero con mucha paciencia, sin prisa. No trates de provocar nada.

Está más allá del control humano, pero uno puede ingeniárselas para invitar a la luna de una manera indirecta. Toma un baño, canta una canción, siéntate en silencio en la noche. Espera. Mécete con la luna, mírala y siéntete lleno con ella. Siente que la luna te baña, baila un poco; siéntate otra vez y espera. Deja que la noche de luna llena se convierta en tu noche particular para meditar; te ayudará.

La fuente de la luz

Medita en la luz de manera exterior y de manera interior. Deja que la luz se convierta en tu acompañante; piensa en ella y contémplala. Simplemente mira, observa una estrella que aparece o desaparece en el cielo, al sol que sale o se pone, a la luna o simplemente una vela en la habitación. Entonces, de vez en cuando, cierra los ojos y busca la luz interior. Un día tropezarás con ella, y será un día de gran descubrimiento; ningún otro descubrimiento es comparable con ese. Ese día te volverás inmortal.

Meditación del tercer ojo

El cuerpo debe estar relajado de tal manera que puedas olvidarte de él; ese es el secreto. Si puedes olvidarte del cuerpo, entonces estás en la postura correcta. Comoquiera que te olvides de él, esa es la postura correcta. Simplemente ponte cómodo, tanto como sea posible, y desecha la idea vieja y tradicional de que si estás meditando tienes que estar incómodo. Eso es simplemente una tontería.

Masajea con la mano el tercer ojo, el entrecejo, durante tres minutos. El hueco de la palma debe estar en el tercer ojo; entonces frota hacia arriba, muy despacio, suave y afectuosamente. La sensación dentro de ti debe ser la de que estás abriendo una ventana. El tercer ojo es la ventana y este masaje ayudará. Si después de tres minutos sientes que no ha afectado a tu energía, empieza a frotar en el sentido de las agujas del reloj.

Hay dos tipos de personas. A algunas el tercer ojo se les abre frotando hacia arriba, y a otras frotando hacia abajo. A la mayoría se les abre frotando hacia arriba, así que intenta eso primero.

Después visualiza un pequeño punto de luz en el entrecejo, en el tercer ojo. Para tener la sensación puedes ponerte ahí un *bindi*, el pequeño adorno que llevan las mujeres en la India sobre el tercer ojo. Puedes ponértelo para que sientas dónde está. Entonces cierra los ojos y mira ese punto de luz. Imagínate una estrella ardiente, azulada, y mira hacia arriba; que los ojos giren hacia arriba.

De hecho, ese punto en particular no es importante, lo que realmente importa es que los ojos miren hacia arriba. Cuando los ojos miran hacia arriba, el cuerpo se tranquiliza. Es lo que sucede cuando duermes profundamente. Esa misma posición de los ojos ayuda para meditar. Esto es solo una ayuda para que los ojos miren hacia arriba.

Gira los ojos hacia arriba. Será más fácil sentado en una silla que en el suelo. No cruces las piernas y mantén ambos pies planos en el suelo.

No pongas el despertador. Puedes tener un reloj cerca de ti y cuando tengas ganas simplemente abre los ojos, míralo y vuelve a cerrarlos; eso no te perturbará en absoluto. Nunca pongas el despertador ni le digas a nadie que te avise después de una hora, porque ese aviso llega de manera muy abrupta y altera todo el sistema.

Ponte ropa tan suelta como sea posible. Lo mejor es estar desnudo; si no, ponte un camisón y no utilices ropa interior.

Hazlo durante una hora. Si puedes hacerlo dos veces al día, es mejor, es muy bueno. Si te resulta difícil disponer de tanto tiempo, entonces solo una vez, pero durante una hora; cuanto más tiempo, mejor.

Lleva tu mente a la pared

Siéntate todos los días durante una hora frente a la pared. Mírala con los ojos entrecerrados, de manera que apenas puedas ver la punta de tu nariz. Siéntate muy cerca de la pared de forma que no puedas ver nada más.

Mantente relajado, y si vienen algunos pensamientos simplemente déjalos pasar entre la pared y tú. No necesitas preocuparte por lo que sean: fantasías, sueños, cualquier cosa... Siente que están entre la pared y tú.

Poco a poco, después de dos semanas, sabrás lo que es ser testigo.

¡Sé un animal!

Los animales tienen más energía para moverse hacia el tercer ojo porque todo su cuerpo está horizontal. El hombre vive vertical. La energía se mueve contra la gravedad y es difícil que suba. Incluso llega a los ojos con gran dificultad. Para que el tercer ojo se abra, se necesita una corriente fuerte. Es por eso por lo que muchas escuelas de yoga practican *shirshasan* (ponerse de cabeza) para crear una corriente de energía.

Sin embargo, a mí no me agrada mucho porque la corriente puede ser excesiva. Debe recomendarse solo en algunos casos especiales, ya que pueden destruirse muchos nervios delicados, y una vez destruidos es muy difícil rehacerlos; desaparecen para siempre. La persona puede adquirir la percepción del tercer ojo, pero se vuelve lenta en lo que se refiere a otros tipos de inteligencia.

Por otro lado, moverse como un animal es muy hermoso. No hay una corriente de energía tan fuerte; no es ni demasiado fuerte ni demasiado leve. Está proporcionada con exactitud. Además, cuando te estás moviendo como un perro y jadeando, ayudas al centro de la garganta. El centro de la garganta está cerca del tercer ojo; este se encuentra justo encima del centro de la garganta. Así que, una vez que el centro de la garganta empieza a funcionar, la energía comienza a moverse desde ahí hacia el tercer ojo.

Los animales viven en un mundo totalmente diferente, y la única razón es que tienen la columna horizontal. El hombre se ha separado del mundo animal a causa de su columna vertical. A veces es bueno volver a ser un animal. Te pone en una relación estrecha con tu pasado, con toda tu herencia. Ya no eres algo independiente. Eres parte del reino animal.

Eso liberará mucha energía espontánea en ti y empezarás a sentirte menos preocupado. Pensarás menos, serás más como los animales. Ellos simplemente están ahí, sin pensar en el pasado, en el presente ni en el futuro. Están en el aquí y ahora, perfectamente alerta, listos para responder pero sin ideas.

Llovizna de oro

Antes de acostarte, apaga la luz y siéntate en la cama. Cierra los ojos, relaja el cuerpo y siente que todo el cuarto está lleno de llovizna de oro. Llovizna de oro cayendo por todos lados. Visualízala durante un minuto con los ojos cerrados: llovizna de oro cayendo. Después de unos días serás capaz de ver todo el cuarto iluminándose en tu visión.

Aspira y siente que aspiras la llovizna de oro, que es inhalada hasta lo más profundo de tu corazón. Tu corazón está vacío y la llovizna entra y lo llena.

Entonces espira: siente otra vez que la llovizna de oro sale y que tu corazón se vacía de nuevo; no hay nada dentro. Esa llovizna llenando el corazón y tu ser interior, y después vaciándolo; justo como la aspiración y la espiración. Con la aspiración lo llenas y con la espiración lo vacías. Haz esto entre cinco y siete minutos, y después duérmete. Siempre duérmete cuando estés vacío, no cuando estés lleno de la llovizna de oro. Vacíate y duérmete. Tendrás un sueño de una calidad muy diferente: más del vacío, más de la nada y más del no ser. Por la mañana, al abrir los ojos, sentirás como si hubieras estado en una tierra totalmente diferente y como si hubieras desaparecido.

Por la mañana, antes de levantarte de la cama, siéntate otra vez y repite el proceso durante cinco minutos. Cuando te levantes de la cama, hazlo lleno de la llovizna de oro. Duérmete cuando estés vacío y levántate de la cama por la mañana cuando estés lleno.

Mantén la llovizna de oro dentro y levántate; todo el día sentirás una energía sutil fluyendo en ti, una energía muy brillante. Por la noche vacíate y por la mañana llénate; deja que el día sea lleno y la noche, vacía.

El próximo paso es que permanezcas como un observador. La llovizna de oro entra, tú eres un observador; llena tu corazón, eres un observador; vacía el corazón, eres un observador. No eres nada: ni día ni noche, no eres vacío ni estás lleno, simplemente eres un observador.

6. EL CONTROL DEL ESTADO DE ÁNIMO

Vuélvete amo de tu mundo emocional

DIAGNÓSTICO

La tristeza puede darte muchas cosas que la felicidad no puede. De hecho, la felicidad te quita mucho. Te quita todo lo que siempre has tenido, lo que siempre has sido.

¡La felicidad te destruye! La tristeza nutre tu ego y la felicidad es básicamente un estado de ausencia de ego.

Ese es el problema, el verdadero meollo del asunto. Es por eso por lo que la gente encuentra muy difícil ser feliz. Es por eso por lo que millones de personas en el mundo han decidido vivir en la tristeza. Te da un ego muy, muy cristalizado. Miserable, eres. Feliz, no eres. En la tristeza hay cristalización; en la felicidad te vuelves difuso. Si se entiende esto las cosas se vuelven muy claras.

La tristeza te hace especial. La felicidad es un fenómeno universal, no tiene nada de especial. Los árboles son felices y las bestias son felices y los pájaros son felices. Toda la existencia es feliz excepto el hombre. Al estar triste, el hombre se vuelve muy especial, extraordinario.

La tristeza te permite atraer la atención de la gente. Siempre que estás triste tienes atención, te tratan amablemente, te quieren. Todos empiezan a cuidarte. ¿Quién quiere lastimar a una persona desdichada? ¿Quién siente celos de una persona desdichada? ¿Quién quiere estar en contra de una persona desdichada? Sería demasiado vil.

La persona triste es cuidada, querida, atendida. Se invierte mucho en la tristeza. Si la esposa no está triste, el esposo simplemente tiende a olvidarla. Si lo está, el esposo no puede darse ese lujo. Si el esposo es desdichado, toda la familia (la esposa, los niños) está a su alrededor, preocupada por él; eso reconforta mucho. Uno siente que no está solo, que tiene familia, amigos.

Cuando estás enfermo, deprimido y triste, tus amigos van a visitarte, a reconfortarte y a consolarte. Cuando eres feliz, esos mismos amigos sienten celos de ti. Cuando realmente seas feliz, encontrarás que todo el mundo está en tu contra.

A nadie le gusta una persona feliz, pues hiere el ego de los demás. Los demás empiezan a sentir: «Te has vuelto feliz y nosotros seguimos arrastrándonos en la oscuridad, la desolación y el infierno. ¡Cómo te atreves a ser feliz cuando todos nosotros estamos con este dolor!».

Por supuesto, el mundo está compuesto por gente desdichada y nadie es lo suficientemente valiente para dejar que el mundo se ponga en su contra; es demasiado peligroso y arriesgado. Es mejor colgarte de la tristeza que te mantiene siendo parte de la multitud. Sé feliz y serás un individuo; si eres desdichado serás parte de una multitud: hinduista, mahometana, cristiana, india, árabe, japonesa.

¿Feliz? ¿Sabes lo que es la felicidad? ¿Es hinduista, cristiana, mahometana? La felicidad es simplemente felicidad. Uno es transportado a otro mundo donde deja de ser parte del mundo que ha creado la mente humana, del pasado, de la terrible historia. Uno deja de ser parte del tiempo por completo. Cuando realmente eres feliz, extático, el tiempo y el espacio desaparecen.

Albert Einstein dijo que en el pasado los científicos creían que había dos realidades: espacio y tiempo. Pero él mostró que estas dos realidades no son dos, sino que son dos rostros de la misma realidad. Entonces acuñó el término «espacio-tiempo», como una sola palabra. El tiempo no es más que la cuarta dimensión del espacio. Einstein no era un místico, pues, si no, habría introducido también la tercera realidad: lo trascendental, ni espacio ni tiempo. Eso también está ahí; yo lo llamo «el testigo». Una vez que están los tres, tienes a la trinidad completa. Tienes el concepto de *trimurti* completo, las tres caras de Dios, las cuatro dimensiones. La realidad es tetradimensional: tres dimensiones de espacio y una cuarta dimensión que es el tiempo.

Sin embargo, hay algo más. No puede llamarse quinta dimensión porque no es la quinta realidad; es el todo, lo trascendental. Cuando eres realmente feliz empiezas a adentrarte en lo trascendental. No es social, no es tradicional, no tiene nada que ver con la mente humana.

Simplemente observa tu infelicidad, mírala y serás capaz de encontrar las razones de que exista. Entonces observa los momentos en los que de vez en cuando te permites el gozo de estar alegre y ve qué diferencias hay. Te darás cuenta de que cuando estás triste eres un conformista. La sociedad te ama, la gente te respeta, incluso puedes llegar a convertirte en un santo, pues los santos están tristes. La tristeza la llevan profundamente escrita en el rostro, en la mirada. Como son desdichados, están en contra de toda alegría. Condenan toda alegría como hedonismo, toda posibilidad de ser alegre como pecado. Están desolados y les gustaría ver a todo el mundo igual. De hecho, solo en un mundo miserable pueden ser considerados santos. En un mundo feliz tendrían que ser hospitalizados como enfermos mentales. Son patológicos.

Yo he visto muchos santos y observado la vida de los santos de antaño. El noventa y nueve por ciento de ellos son simplemente enfermos; neuróticos o incluso psicóticos. Sin embargo, fueron respetados por su tristeza, recuérdalo.

Los grandes santos hacían ayunos muy largos, torturándose. Pero eso no es muy inteligente. Solo los primeros días, la primera semana, es difícil; la segunda semana es muy fácil; la tercera semana se vuelve difícil comer; la cuarta semana lo has olvidado por completo. El cuerpo disfruta comiéndose a sí mismo y se siente menos pesado, obviamente, y sin problemas que digerir. Además, toda la energía que se utiliza para la digestión está disponible para la cabeza. Puedes pensar más, puedes concentrarte mejor, puedes olvidar el cuerpo y sus necesidades.

Sin embargo, eso simplemente crea gente desdichada y una sociedad desdichada. Observa tu tristeza y encontrarás que hay ciertas cosas fundamentales. Primera: te hace respetable. La gente se muestra más amable hacia ti, más simpática. Tendrás más amigos si estás triste. Es un mundo muy extraño, hay algo básico que está mal. No debería ser así; una persona feliz debería tener más amigos. Pero vuélvete feliz y la gente sentirá celos de ti, ya no serán amables. Esto es porque se sienten traicionados; tienes algo que ellos no pueden conseguir. ¿Por qué eres feliz? Por esa razón, a través de las diferentes épocas de la historia hemos aprendido un mecanismo sutil: reprimir la felicidad y expresar la tristeza. Se ha convertido en nuestra segunda naturaleza.

Debes deshacerte de ese mecanismo. Aprende a ser feliz y a respetar a la gente feliz, aprende a prestar más atención a la gente feliz; recuérdalo. Este es un gran servicio a la humanidad. No seas demasiado amable con la gente que está triste. Si alguien lo está, ayúdalo, pero no seas muy amable. No le des la idea de que la infelicidad es valiosa. Déjale muy claro que lo ayudas pero no por respeto, sino simplemente porque está triste. No estás haciendo nada, sino tratando de sacar a un hombre de su tristeza, pues la tristeza es desagradable. Permite que la persona sienta que la desolación es así, que estar desolado no es algo virtuoso, que no le está haciendo un gran servicio a la humanidad.

Sé feliz, respeta la felicidad y ayuda a la gente a entender que la felicidad es la meta de la vida: *satchitanand*. Los místicos de Oriente han dicho que Dios tiene tres cualidades. Es *sat*: es verdad, ser. Es *chit*: conciencia. Y, a fin de cuentas, en su punto más alto es *anand*: felicidad. Dondequiera que esté la felicidad, está Dios. Siempre que veas a una persona feliz, respétala; es santa. Cada vez que sientas que una reunión es alegre, festiva, piensa en ella como en un lugar sagrado.

PRESCRIPCIONES

Esquiva las rutinas de la mente

¿Te sientes triste? Baila o ponte bajo la ducha y mira cómo desaparece la tristeza de tu cuerpo conforme desaparece su calor. Siente cómo el agua que cae sobre ti se lleva la tristeza de la misma manera en que se lleva la transpiración y el polvo de tu cuerpo. Observa qué sucede.

Trata de poner la mente en una situación tal que no pueda funcionar como siempre. Cualquier cosa servirá. De hecho, todas las técnicas que se han desarrollado a lo largo de siglos no son sino maneras de tratar de distraer la mente de los patrones establecidos.

Por ejemplo, si te sientes enfadado simplemente haz algunas respiraciones profundas. Aspira y espira profundamente durante dos minutos y mira dónde está tu enfado. Confundes a la mente, no puede relacionar ambas cosas. La mente comienza a preguntarse: «¿Desde cuándo la gente respira profundamente cuando está enfadada? ¿Qué está pasando?».

El secreto está en hacer cualquier cosa pero nunca repetirla. Si cada vez que estés triste te metes bajo la ducha, la mente se acostumbrará. Después de tres o cuatro veces la mente aprende: «Muy bien, estás triste, es por eso por lo que te metes bajo la ducha». Entonces se vuelve una parte constitutiva de tu tristeza. No, nunca lo repitas. Engaña siempre a la mente. Sé innovador, sé imaginativo.

Tu pareja dice algo y tú te sientes enfadado. Siempre quieres pegarle o lanzarle algo. Esta vez, cambia: ¡ve y abrázala! ¡Dale un buen beso y desconciértala también! Tanto tu mente como tu pareja se despistarán. De repente las cosas ya no serán iguales. Verás que la mente es un mecanismo, y cómo se pierde completamente si cambias la estructura; no puede competir contra lo nuevo. Abre la ventana y permite que entre una brisa nueva.

Cambia el patrón del enfado

Puedes liberar cosas mil veces, pero si el patrón básico no cambia, volverás a acumularlas. No hay nada malo en liberar energía. Es bueno, pero no tiene nada que ver con lo permanente.

Los métodos orientales son totalmente diferentes de los occidentales. No son catárticos; por el contrario, te enfrentan con tu patrón de acción. No se preocupan mucho por la energía reprimida. Tienen que ver con el patrón, con los mecanismos interiores que crean la energía, que la reprimen y que hacen que te enfades y que estés triste, deprimido y neurótico. Debe romperse el patrón. Liberar la energía es muy sencillo; romper el patrón es difícil, es un trabajo duro. Por lo tanto, trata de hacer algo para cambiar el patrón.

Todos los días durante quince minutos, en cualquier momento que te sientas bien, cierra la puerta de tu habitación y siente enfado, pero no lo liberes. Continúa forzándolo, llega casi a enloquecer de ira, pero no la liberes. Nada de expresión, ni siquiera una almohada que golpear. Reprímelo de todas las maneras posibles, ¿entiendes? Es exactamente lo opuesto a la catarsis.

Si sientes que surge tensión en el estómago, como si algo fuera a explotar, presiónalo hacia dentro; ténsalo tanto como puedas. Si sientes que los hombros se están tensando, ténsalos más. Tensa el cuerpo tanto como puedas, como si fuera un volcán sin cráter hirviendo por dentro. Eso es lo que hay que recordar: sin liberación, sin expresión. No grites, pues si no el estómago se liberará. No golpees nada, pues si lo haces los hombros se liberarán y se relajarán.

Durante quince minutos aumenta el calor, como si estuvieras a cien grados. Durante quince minutos aumenta la tensión hasta el clímax. Pon un despertador y cuando suene haz el máximo esfuerzo.

Cuando el despertador se pare, siéntate en silencio, cierra los ojos y observa lo que sucede. Relaja el cuerpo. Haz esto durante dos semanas. Este calentamiento del sistema hará que tus patrones se disuelvan.

Adéntrate profundamente en el «no»

Practica este método cada noche durante sesenta minutos. Primero, durante cuarenta minutos vuélvete negativo, lo más negativo que puedas. Cierra las puertas, pon almohadas por todos lados, descuelga el teléfono y diles a todos que no te molesten en una hora. Coloca una nota en la puerta que diga que deben dejarte totalmente solo durante este tiempo. Con la luz muy baja, pon una música triste y siéntete muerto.

Siéntate y percíbete negativo. Repite «no» como *mantra*. Imagínate escenas del pasado en las que hayas estado realmente muy mal y hayas querido suicidarte, en las que hayas sentido que la vida no tenía sentido, y exagéralas. Recrea toda la situación a tu alrededor. Tu mente te distraerá. Dirá: «¿Qué estás haciendo? ¡La noche está muy hermosa y la luna está llena!». No la escuches. Dile que puede regresar después, pero que por el momento estás dedicado por completo a la negatividad. Sé religiosamente negativo. Chilla, llora, grita o maldice; lo que se te antoje. Solo recuerda una cosa: no te alegres. No permitas ninguna felicidad. Si te sorprendes siendo feliz, ¡date inmediatamente una bofetada! Regresa a la negatividad. Golpea almohadas, pelea con ellas o salta encima. ¡Sé malo! Encontrarás que es realmente muy difícil ser negativo durante esos cuarenta minutos.

Esta es una de las leyes básicas de la mente: cualquier cosa que hagas no la puedes hacer conscientemente, y si la haces conscientemente sentirás una separación. Estás siguiendo esta ley pero continúas siendo un testigo; no te estás dejando llevar por completo. Surge una distancia, y esa distancia es hermosísima. No estoy diciendo que fabriques esa distancia. Es un efecto secundario, no necesitas preocuparte por él.

Después de cuarenta minutos, sal de repente de la negatividad. Deja las almohadas, enciende la luz, pon alguna música hermosa y baila durante veinte minutos. Solo di: «¡Sí!, ¡sí!, ¡sí!», deja que sea tu *mantra*. Después date una buena ducha. Eso desenraizará toda la negatividad y te dará una nueva visión respecto a decir «sí». Te limpiará por completo. Sin profundizar en el «no», nadie puede llegar realmente al «sí». Debes convertirte en un negador, y entonces el decir que sí saldrá de ahí.

Libera al tigre interior

La vida es un fenómeno tan vasto que es imposible manejarlo, y si realmente quieres manejarlo tienes que reducirlo al mínimo; solo así lo puedes hacer. De otra forma la vida es salvaje y libre. Es tan libre y salvaje como las nubes, la lluvia, la brisa, los árboles y el cielo.

Realiza una meditación por la noche. Siente como si no fueras humano. Puedes escoger cualquier animal que te guste. Si te gustan los gatos, un gato está bien. Si te gustan los perros, bien. ¡O sé un tigre, macho o hembra! Lo que te guste. Escoge el que quieras pero no lo cambies. Conviértete en ese animal. Camina a cuatro patas por tu habitación y conviértete en ese animal.

Durante quince minutos disfruta la fantasía tanto como puedas. Ladra si eres un perro y haz las cosas que un perro haría; ¡y hazlas realmente! Disfrútalo y no controles nada. Un perro no puede controlar nada; ser un perro implica tener libertad absoluta, así que haz aquello a lo que te lleve la circunstancia. No traigas el elemento humano de control. ¡Sé realmente un perro de la manera más perruna! Durante quince minutos ronda por tu habitación, ladra y salta. Haz esto durante siete días, te ayudará.

Si eres demasiado sofisticado y civilizado, puede que estés algo tullido. Necesitas un poco más de energía animal. Demasiada civilización te deja paralizado. Es buena en dosis pequeñas, pero en exceso resulta muy peligrosa. Uno debe siempre mantenerse con la capacidad de ser un animal. Si puedes aprender a ser un poco salvaje, todos tus problemas desaparecerán. Por tanto empieza esta noche, ¡y disfrútalo!

En caso de crisis

Siempre que hay una presión del exterior (lo que sucede muchas veces en la vida) resulta difícil entrar directamente en la meditación. Por ello, antes de meditar tienes que hacer algo un cuarto de hora para suprimir la presión; solo así puedes entrar en la meditación.

Siéntate en silencio durante quince minutos y piensa que todo el mundo es un sueño, ¡y lo es! Piensa en todo el mundo como si fuera un sueño y como si no hubiera nada importante en él.

Por otra parte, recuerda que tarde o temprano todo desaparecerá, incluido tú. No has estado ni estarás siempre aquí. Nada es permanente.

Además, recuerda que solo eres un testigo. Esto es un sueño, una película.

Recuerda estas tres cosas: el mundo es un sueño y todo pasará, incluso tú. La muerte se aproxima y la única realidad es el testigo, así que tú eres solo un testigo. Relaja el cuerpo, sé testigo durante quince minutos y después medita. Podrás hacerlo y no habrá problema.

Sin embargo, siempre que sientas que la meditación se ha vuelto simple, deja de hacer esta preparación; si no, se volverá habitual. Debe usarse sólo en casos especiales en que sea difícil entrar en la meditación. Si lo haces todos los días conseguirás algo bueno, pero te acostumbrarás y ya no tendrá efecto. Utilízala de manera medicinal. Cuando las cosas vayan mal y sean difíciles hazla; te abrirá el camino y te relajarás.

El Tai Chi de la tristeza

Cuando sientas que estás cayendo en la tristeza, comienza lentamente, no vayas rápido; haz movimientos lentos, movimientos de Tai Chi.

Si te sientes triste, cierra los ojos y deja que las cosas fluyan a cámara lenta. Empieza muy despacio, con una visión de conjunto, mirando y observando lo que sucede. Ve muy lento, de manera que puedas ver cada acto por separado, cada fibra por separado. Si te estás enfadando, hazlo poco a poco.

Durante algunos días realiza movimientos lentos en general. Por ejemplo, si caminas, camina más lentamente de lo normal. Come más despacio y mastica más. Si normalmente comes en veinte minutos, hazlo en cuarenta. Si normalmente abres los ojos rápido, hazlo ahora con mayor lentitud. Báñate en el doble de tiempo que normalmente utilizas; haz todo más despacio.

Cuando lo haces todo más lento, automáticamente todo el mecanismo funciona de manera más pausada. El mecanismo es uno; es el mismo con el que caminas, hablas y te enfadas. No hay mecanismos diferentes, es un solo mecanismo orgánico. Así que si lo haces todo más lentamente, te sorprenderás; tristeza, sufrimiento, enfado, violencia..., todo será más lento.

Esto te provocará una gran experiencia; tus pensamientos, deseos y hábitos antiguos también se harán más lentos. Por ejemplo, si fumas, tu mano se moverá muy lentamente: entra en el bolsillo..., saca un cigarrillo..., lo pone en la boca..., saca la caja de cerillas. ¡Te moverás tan despacio que te llevará casi media hora fumar un cigarrillo! Te sorprenderás; serás capaz de ver cómo haces las cosas.

Diario lunar

A veces la luna puede afectarnos mucho, así que obsérvala y utilízala. Lleva un registro diario durante al menos dos meses de acuerdo con la luna. Empieza con la luna nueva y registra cómo te sientes ese día; después el día siguiente, y así todos hasta el día de luna llena. Cuando la luna empiece a declinar, continúa con tu registro. Serás capaz de ver el ritmo, y que tu estado de ánimo varía de acuerdo con la luna.

Una vez que conozcas tu ciclo lunar, podrás hacer muchas cosas con él. De antemano sabrás lo que sucederá al día siguiente y podrás estar preparado. Si vas a estar triste, disfruta la tristeza. No habrá necesidad de pelear contra ella. Más que pelear contra ella, utilízala, pues la tristeza también puede ser utilizada.

Jadea como un perro

Siempre que sientas el estómago pesado, camina y jadea como un perro. Deja que tu lengua cuelgue. Todo el conducto se abrirá.

Jadear puede ser muy significativo. Si lo haces durante media hora, tu enfado fluirá de manera muy hermosa. Todo tu cuerpo estará en ello.

Hazlo algunas veces en tu habitación. ¡Puedes usar un espejo y ladrarle y gruñirle! Después de tres semanas sentirás que sucede algo a un nivel muy profundo. Una vez que el enfado se haya relajado y se haya ido, te sentirás libre.

Acepta lo negativo

También debes aprender a convivir con tus partes negativas; solo entonces estarás completo. Todos queremos vivir solo con la parte positiva. Cuando eres feliz, la aceptas, y cuando no eres feliz, la rechazas. Sin embargo, eres ambas cosas. Cuando todo fluye te sientes de maravilla, cuando todo se detiene y se estanca te sientes en el infierno. Pero ambas situaciones deben aceptarse. Así es la vida: consiste en infierno y cielo juntos. La división de infierno y cielo es falsa. No hay un cielo arriba y un infierno abajo; ambos están aquí. En cierto momento estás en el cielo y en otro momento estás en el infierno.

Tienes que aprender también de su aspecto negativo y relajarte con él. Un día te sorprenderás de que la parte negativa añade sabor a la vida. No es innecesaria; le da sazón a la vida. De otra manera se volvería aburrida y monótona. Solo imagina que te sientes más feliz y más feliz y más feliz... ¿Qué harías entonces? Esos momentos de infelicidad traen chispa, búsqueda y aventura nuevamente. Recuperas el apetito.

Tienes que estar con la totalidad de tu ser. Todos los aspectos de lo bueno y lo malo tienen que ser aceptados. No hay manera de deshacerse de nada. Uno nunca se deshace de nada, pero aprende lentamente a aceptarlo todo. Entonces surge una armonía entre la oscuridad y la luz, y es hermoso. A partir del contraste, la vida se convierte en armonía.

Trata de vivir también estos momentos. No te fabriques problemas. No pienses: «¿Qué debo hacer para no estar inquieto?». ¡Cuando estés inquieto, permanece inquieto! Cuando seas infeliz, sé infeliz y no te preocupes demasiado, solo sé infeliz; ¿qué más puedes hacer?

Es igual que el clima: es verano y hace calor, ¿qué puedes hacer? Cuando haga calor, ten calor y transpira, y cuando haga frío, ¡tiembla y disfrútalo! Lentamente verás las relaciones entre los polos opuestos, y el día que entiendas esa polaridad será un día de gran comprensión y revelación.

En el séptimo cielo

La felicidad es difusa como una nube; indefinible y cambiante continuamente. No es temporal ni permanente. Es eterna. Sin embargo, no está muerta; está muy viva. Es la vida misma, así que no es estática sino dinámica. Cambia constantemente. Esa es la paradoja de la felicidad, que es eterna y cambiante, a cada momento nueva y siempre la misma. En cierta manera siempre ha existido; en cierta manera en cada instante te sentirás extático y emocionado. Te sorprenderá a cada momento. Es muy nebulosa y no puede ser calificada como temporal o permanente.

Comienza a sentir una nube de felicidad a tu alrededor. Sentado en silencio siente una nube a tu alrededor. Relájate en ella y después de unos días sentirás que se ha vuelto una realidad, porque está ahí; solo que no la habías sentido todavía. Está ahí. Todo vive en una nube de felicidad; simplemente tienes que reconocerla, es todo. Nacemos con ella. Es nuestra aura, nuestra naturaleza misma, intrínseca. Otras veces siéntate en silencio, relajado, y siente que te estás perdiendo en una nube de felicidad que te rodea, que cambia constantemente pero permanece contigo.

Conforme comiences a perderte te sentirás más feliz. Habrá algunos momentos en que estés completamente perdido. Cuando la nube es, tú no eres. Esos son momentos de *satori* o *samadhi*, los primeros vislumbres, aunque lejanos, de la verdad. Una vez que la semilla esté ahí, el árbol estará viniendo.

¡Imagínatelo!

Tener una imaginación poderosa y poder utilizar tu capacidad conscientemente puede resultar una ayuda inmensa. Si no la usas con conciencia puede convertirse en una barrera. Si tienes alguna capacidad, debes utilizarla; si no, se vuelve como una piedra en el camino. Debes pisarla y transformarla en un escalón. Empieza a hacer tres cosas.

Primero imagínate tan feliz como sea posible. Después de una semana empezarás a sentir que estás muy feliz sin razón alguna; será una prueba de tu capacidad latente. Lo primero que debes hacer por la mañana es imaginarte inmensamente feliz. Levántate con un ánimo muy feliz: radiante, chispeante y a la expectativa, como si algo perfecto, de valor infinito, fuera a abrirse o a suceder. Levántate con un ánimo muy positivo y mucha esperanza, con la sensación de que ese día no será común, de que algo excepcional y extraordinario te está esperando y está muy cerca. Recuérdalo una y otra vez durante todo el día. Después de siete días verás que todo tu patrón de comportamiento, tu estilo y tu vibración han cambiado.

Lo segundo es que cuando te vayas a dormir estarás cayendo en las manos de Dios, como si la existencia te estuviera sosteniendo, como si te estuvieras quedando dormido en su regazo. Visualiza eso y duérmete. El caso es imaginar y dejar que el sueño venga, de manera que la imaginación entre en el sueño y se solapen.

Lo tercero es que no te imagines nada negativo, pues si la gente que tiene capacidad imaginativa se imagina cosas negativas, estas suceden. Si crees que vas a enfermar, enfermas. Si te imaginas que alguien viene y se porta mal contigo, sucede. Tu sola imaginación creará la situación. Imagina eso por la mañana y por la noche, y recuerda no pensar en nada negativo durante todo el día. Si algo viene, inmediatamente vuélvelo positivo. Dile que no. Exclúyelo y libérate de ello.

Sonríe desde el vientre

Siempre que estés sentado y no tengas nada que hacer, relaja la mandíbula y abre ligeramente la boca. Respira por la boca, pero no profundamente. Tan solo deja que el cuerpo respire, de forma que la respiración sea cada vez más ligera. Cuando sientas que la respiración se ha vuelto muy ligera y que la boca está abierta y la mandíbula relajada, sentirás todo tu cuerpo muy relajado.

En ese momento, siente que surge una sonrisa; no en el rostro sino en tu ser interior. Serás capaz de hacerlo. No es una sonrisa que aparecerá en los labios; es una sonrisa de la existencia que se extiende en tu interior.

Inténtalo esta noche y sabrás lo que es, pues no puede explicarse. No necesitas sonreír con los labios o el rostro, sino como si estuvieras sonriendo desde el vientre; el vientre está sonriendo. Es una sonrisa, no una carcajada, así que es muy suave, delicada y frágil, como una rosa pequeña abriéndose en el vientre y cuya fragancia se extiende por todo el cuerpo.

Una vez que hayas conocido lo que es esta sonrisa, podrás permanecer feliz durante veinticuatro horas. Siempre que sientas que estás perdiendo la felicidad, cierra los ojos, trata de observar otra vez esa sonrisa y la verás ahí. Durante el día puedes volver a ella tantas veces como quieras. Siempre está ahí.

Durante toda su vida, muchas personas han llegado solo hasta cierto punto en todos los aspectos. Si estás enfadado, llegas solo hasta un punto. Y lo mismo ocurre si estás triste o si te encuentras feliz. Hay una línea sutil más allá de la cual nunca has ido; todo llega hasta ahí y se detiene. Se ha vuelto casi automático, y en cuanto llegas a esa línea te detienes.

Todos hemos sido educados así; se nos permite el enfado pero hasta cierto punto, pues en mayor medida puede ser peligroso. Se nos permite cierta alegría pero no más, porque podríamos enloquecer. Se nos permite estar tristes solo un poco, porque podría ser suicida. Hemos sido entrenados y hay una muralla china alrededor de ti y de todos los demás. Nunca vamos más allá de ella. Es nuestro único espacio, nuestra única libertad, de manera que, cuando empezamos a estar felices o alegres, esa muralla china se interpone en el camino. Tienes que estar al tanto de esto.

Realiza un experimento que te será de gran ayuda. Se llama «método de la exageración». Es uno de los métodos tibetanos más antiguos de meditación. Si empiezas a sentirte triste, cierra los ojos y exagera la tristeza. Entristécete lo más posible, trasciende el límite. Si quieres quejarte, sollozar y llorar, hazlo. Si tienes ganas de rodar en el suelo, hazlo, pero ve más allá del límite ordinario, a donde nunca has llegado.

Exagéralo, porque ese límite, esa frontera constante dentro de la cual has vivido, se ha vuelto una rutina tal que, a menos que la trasciendas, no podrás estar consciente. Es parte de tu mente habitual, así que puedes enfadarte pero no te darás cuenta de ello a menos que trasciendas la frontera. De pronto eres consciente de ello porque está pasando algo que nunca había sucedido.

Hazlo con la tristeza, con el enfado, con los celos, con cualquier sentimiento de un momento determinado, y particularmente con la felicidad. Cuando te sientas feliz no creas en los límites. Simplemente ve y trasciéndelos: baila, canta o muévete. No seas avaro.

Una vez que aprendas a traspasar el límite, estarás en un mundo totalmente diferente. Entonces sabrás todo lo que te has estado perdiendo en la vida. Chocarás contra la muralla china muchas veces, pero poco a poco aprenderás a salir de ella, pues realmente no está ahí, es solo una creencia.

Crea un mundo privado

Practica este método todas las noches. Tiene tres fases. Los primeros siete días, practica la primera fase. Acostado o sentado en la cama, apaga la luz y permanece en la oscuridad. Recuerda cualquier momento hermoso que hayas experimentado en el pasado; escoge el mejor. Puede ser algo corriente, pues en ocasiones las cosas extraordinarias suceden en lugares muy corrientes.

Estás sentado, quieto y sin hacer nada, y la lluvia cae sobre el techo. El olor, el sonido..., estás rodeado y de repente algo hace ¡clic!; estás en un momento sagrado. Caminando un día por la calle, de pronto te llega el sol por detrás de los árboles y, ¡clic!, algo se abre. Por un momento eres transportado a otro mundo. Una vez que has escogido el recuerdo, mantenlo durante siete días. Cierra los ojos y revívelo. Adéntrate en los detalles. La lluvia cae sobre el tejado, el sonido rítmico, el olor, la mera textura del momento, un pájaro canta, un perro ladra, un plato se cae; todos los sonidos. Penetra en los detalles en todas direcciones, desde muchas dimensiones, a través de todos los sentidos. Cada noche encontrarás que estás profundizando más en los detalles, recordando cosas que tal vez se te escaparon en el momento real pero que tu mente grabó. Independientemente de si tú te das cuenta o no en el momento, la mente lo graba.

Empezarás a sentir matices sutiles que no sabías que habías experimentado. Cuando tu conciencia se enfoca en ese momento, estará ahí otra vez. Sentirás cosas nuevas. Repentinamente reconocerás que estaban ahí pero que se te habían escapado en el momento. Sin embargo, la mente lo graba todo. Es un servidor del que te puedes fiar, y tremendamente capaz. El séptimo día podrás verlo con tanta claridad que sentirás que nunca has visto un momento real tan claramente como ese.

Después de siete días, haz lo mismo pero añade algo más. El octavo día siente el espacio a tu alrededor. Siente que el clima te rodea por todos lados, hasta estar a un metro de ti. Siente el aura de ese momento que te rodea. Para el día catorce casi serás capaz de estar en un mundo totalmente diferente, aunque consciente de que un metro más allá de ti están presentes un tiempo y una dimensión totalmente distintos.

La tercera semana añade algo más. Vive el momento, permanece rodeado por él y, además, crea un antiespacio imaginario.

En este antiespacio te sientes muy bien; por ejemplo, en un metro a tu alrededor está esa bondad, esa divinidad. Ahora piensa en una situación: alguien te insulta pero el insulto solo llega hasta el límite. Hay una valla y el insulto no puede penetrarte. Entra como una flecha y rebota. O bien recuerda algún momento triste: te has lastimado pero la herida llega a la muralla de vidrio que te rodea y queda ahí. Nunca te alcanza. Para la tercera semana serás capaz de ver (si las dos primeras han ido bien) que todo llega hasta el límite de un metro y nada te penetra.

Entonces, a partir de la cuarta semana mantén el aura contigo. Cuando vayas al mercado o hables con la gente, tenlo siempre en mente. Estarás muy emocionado. Te moverás por el mundo teniendo tu propio mundo íntimo, siempre contigo.

Eso te hará capaz de vivir en el presente. Continuamente eres bombardeado por miles de cosas, y estas cosas atraen tu atención; si no tienes un aura de protección a tu alrededor, eres vulnerable. Un perro ladra y, repentinamente, la mente se ve atraída hacia esa dirección. Aparece el perro en la memoria. Ahora tienes muchos perros en la memoria. Un amigo tuyo tiene un perro y ahora del perro pasas al amigo, después a la hermana del amigo, de quien te has enamorado. Empieza todo el absurdo. El ladrido de ese perro estaba en el presente pero te llevó a alguna parte del pasado. También puede llevarte al futuro, eso no se sabe. Cualquier cosa puede llevar a cualquier otra, es muy complicado.

Por ello necesitas un aura que te rodee y proteja. El perro sigue ladrando pero tú permaneces en ti mismo; asentado, calmado, tranquilo y centrado. Lleva esa aura durante unos días o unos meses. Cuando veas que ya no es necesaria, puedes tirarla. Una vez que sepas cómo estar aquí y ahora, una vez que hayas disfrutado de su belleza, de la gran alegría que conlleva, puedes tirar el aura.

Pies felices

Cuando te rías, ríete con todo el cuerpo; ahí está el secreto. Puedes reírte solo con los labios, puedes reírte con la garganta, pero no será una risa profunda.

Siéntate en el suelo en medio de la habitación y siente que la risa viene desde las plantas de los pies. Primero cierra los ojos y después siente que te llegan oleadas de risa desde los pies. Son muy sutiles. Alcanzan el vientre y se vuelven más visibles; el vientre empieza a temblar y a estremecerse. Lleva la risa al corazón y el corazón se sentirá muy lleno. Después llévala a la garganta y luego a los labios. Puedes reírte con los labios y la garganta, puedes hacer un ruido que suene como la risa, pero no lo será ni ayudará mucho. Será otra vez un acto mecánico.

Cuando empieces a reírte, imagínate que eres un niño pequeño. Visualízate como un niño pequeño. Cuando los niños se ríen, se revuelcan en el suelo. Si tienes ganas, revuélcate. Déjate llevar totalmente. Eso es mucho más importante que el sonido.

Una vez que empiece, lo sabrás. Durante dos o tres días tal vez no puedas sentir si está sucediendo o no, pero sucederá. Sácala desde las raíces, como una flor que sale de un árbol viene de las raíces. Va subiendo. No puedes verla en ningún otro lugar, solo cuando llega y florece en la copa la puedes ver, pero viene desde las raíces, desde un lugar muy profundo. Ha viajado desde las profundidades.

Exactamente de la misma manera, la risa debe empezar en los pies y moverse hacia arriba. Permite que todo el cuerpo sea sacudido por ella. Siente la vibración estremecedora y coopera con ella. No te quedes tieso; relájate y colabora. Incluso si al principio exageras un poco, ello ayudará. Si sientes que la mano tiembla, ayúdala a temblar más de manera que la energía comience a fluir y a distribuirse. Entonces revuélcate y ríete.

Haz esto por la noche antes de acostarte. Diez minutos bastarán, y después duérmete. Por la mañana, que sea lo primero que hagas; puedes hacerlo en la cama. Que sea lo último de la noche y lo primero de la mañana. La risa nocturna marcará una dirección en tu sueño. Tus sueños serán más alegres, más alborotados, y te ayudarán a la risa matutina; crearán el ambiente. Y esta risa marcará la dirección para todo el día.

Lo primero que haces por la mañana marca la dirección de todo el día. Si te enfadas creas una cadena. Un enfado lleva a otro enfado y luego a otro más. Te sientes muy vulnerable, cualquier cosa te produce la sensación de ser herido, insultado. Una cosa lleva a otra. Realmente, lo mejor para empezar el día es la risa, pero permite que sea algo completo. Durante todo el día, siempre que se dé la oportunidad no la dejes pasar: ¡ríe!

El mantra «sí»

Te estoy enseñando a decirle que sí a la vida, al amor, a la gente. En efecto, hay espinas, pero no hay necesidad de tomarlas en cuenta. Desdéñalas; medita en la rosa. Y si tu meditación profundiza en la rosa y la rosa profundiza en ti, las espinas se irán volviendo más pequeñas. Llega un momento en que la rosa te ha poseído por completo; ya no hay espinas en el mundo.

Empieza a poner tu energía en el «sí»; haz del «sí» un *mantra*. Todas las noches antes de acostarte, repite: «Sí..., sí...», y entra en sintonía con eso. Busca un ritmo y deja que llegue a todo tu ser, desde los dedos de los pies hasta la cabeza. Deja que te penetre. Repite «sí..., sí...». Deja que sea tu plegaria durante diez minutos por la noche y después duérmete.

Por la mañana temprano, durante al menos tres minutos, siéntate en la cama y hazlo. Lo primero que debes hacer es repetir «sí» y adentrarte en ese sentimiento. Durante el día, siempre que empieces a sentirte negativo, detente donde estés. Si puedes decir en voz alta «sí..., sí...», bien; si no, al menos repítelo en silencio. Practícalo durante tres semanas.

No estés triste: ¡enfádate!

Enfado y tristeza son lo mismo. La tristeza es enfado pasivo y el enfado es tristeza activa. Es difícil que una persona triste se enfade. Si puedes hacer enfadar a una persona triste, su tristeza desaparecerá inmediatamente. También es muy difícil para una persona enfadada entristecerse. Si logras entristecerla, su enfado desaparecerá de inmediato.

En todas nuestras emociones se guarda la polaridad básica (hombre y mujer, *yin* y *yang*, masculino y femenino). El enfado es masculino y la tristeza es femenina. Si estás en sintonía con la tristeza es difícil pasar al enfado, pero me gustaría que lo hicieras. Sácalo, actúalo. Incluso si parece absurdo, no importa: ¡sé un bufón ante tus propios ojos, pero sácalo!

Si puedes mantenerte entre el enfado y la tristeza, ambos se vuelven igual de sencillos. Experimentarás una trascendencia y entonces serás capaz de observar. Puedes estar detrás de las cámaras y ver el juego, y así podrás ir más allá de ambos. De cualquier manera, primero tienes que moverte con facilidad entre los dos; de otro modo tenderás a estar triste, y cuando uno está triste la trascendencia es difícil.

Recuerda: cuando dos energías opuestas están distribuidas equitativamente, es muy fácil liberarse de su influencia porque están peleando y anulándose entre sí y tú no estás atrapado por ninguna. Si tu tristeza y tu enfado tienen la misma fuerza, se anulan entre sí. De repente eres libre y puedes escapar. Sin embargo, si la tristeza tiene el setenta por ciento y el enojo el treinta por ciento, resulta muy difícil. Treinta por ciento de enfado contra setenta por cierto de tristeza significa que quedará un cuarenta por ciento de tristeza; no serás capaz de escapar con facilidad. Ese cuarenta por ciento te atrapará.

Esta es una de las leyes básicas de la energía interna: permitir siempre que las polaridades tengan la misma fuerza para escapar de ellas. Es como si dos personas estén peleándose pero tú puedas escapar. Están tan ocupadas consigo mismas que no necesitas preocuparte y puedes escapar.

No inmiscuyas a la mente. Simplemente conviértelo en un ejercicio. Puedes tomártelo como un ejercicio diario, olvídate de esperar a que llegue. Tendrás que enfadarte a diario, eso será más fácil. Entonces brinca, da vueltas, grita y sácalo. Una vez que lo hayas sacado sin razón, estarás muy feliz porque tendrás libertad. De otra forma el enfado es dominado por las situaciones, tú no lo controlas. Si no puedes provocarlo, ¿cómo vas a poder rechazarlo?

En un principio parece un poco raro, extraño o increíble, pues siempre has creído en la teoría de que es el insulto de otra persona lo que ha creado tu enfado. Eso no es verdad. El enfado siempre ha estado ahí; simplemente, alguien te ha dado una excusa para que salga.

Tú puedes darte una excusa; imagínate una situación en la que te enfadarías y hazlo. Háblale a la pared y di cosas, ¡y pronto la pared te estará hablando! Enloquece completamente. Tienes que llevar el enfado y la tristeza a un nivel similar, donde estén proporcionados exactamente. Se anularán entre sí y tú podrás escapar.

George Gurdjieff lo llamaba el «método del tramposo»: llevar las energías internas a un conflicto tal que luchen entre sí y se anulen, de manera que uno tenga la oportunidad de escapar.

Presta atención a los intervalos

Lo realmente verdadero es el intervalo, entre dos palabras, dos pensamientos, dos deseos, dos emociones o dos sentimientos. Siempre hay una pausa; entre el sueño y la vigilia o entre la vigilia y el sueño. En el espacio entre cuerpo y alma, en ese intervalo. Cuando el amor se vuelve odio, hay una pausa en la que ya no es amor y todavía no es odio. Cuando el pasado se vuelve futuro, la pausa en la que ya no está ahí y el futuro no ha llegado, ese momento pequeñísimo, ese es el presente, eso es el ahora. Es tan pequeño que no puede ser considerado parte del tiempo. Es tan pequeño que no puede ser dividido. Esa pausa es indivisible y llega a cada momento de mil maneras.

Tus estados de ánimo cambian de uno a otro y tú pasas por ellos. En veinticuatro horas experimentamos esos intervalos tantas veces que es un milagro que no nos demos cuenta. Sin embargo, nunca observamos la pausa; hemos aprendido ese truco, a no mirarla. Es tan pequeña que viene y se va y nunca nos damos cuenta de ella, de que ha estado ahí. Nos percatamos de las cosas solo cuando ya no están, cuando se han convertido en parte del pasado. O bien nos damos cuenta cuando están llegando y son parte del futuro, pero cuando realmente están aquí nos las arreglamos para no verlas.

Cuando estás enfadado, no lo ves; después te arrepientes. Cuando es muy inminente, lo sientes y ansías que llegue otra vez. Pero cuando está ahí, de repente te vuelves ciego y sordo, inconsciente, no te das cuenta. La pausa es tan leve, que si no estás completamente alerta, no la percibirás. Es muy pequeña, solo puedes captarla si estás consciente por completo. Solo cuando lo estés totalmente serás capaz de ver. Cuando un pensamiento deja de existir y surge otro, entre ambos hay un intervalo sin pensamientos. Eso es lo verdaderamente importante.

Te estoy dando la clave. Ahora debes empezar a trabajar con esa clave en tu ser. Cuando te quedes dormido, trata de ver la pausa cuando ya no estás despierto y todavía no estás dormido. Hay un momento, muy sutil, pero no dura mucho. Es solo como un golpe de brisa; está ahí y ya se ha ido. Sin embargo, si puedes percibirlo te sorprenderás; te habrás tropezado con el tesoro más grande de la vida.

Al pasar por la pausa, aun sin darte cuenta, te ves beneficiado. Algo, un poco de la fragancia, llega a tu ser aunque no te des cuenta. A partir de este momento ponte alerta. Lentamente aprenderás a hacerlo.

Date cuenta tres veces

Los budistas tienen un método particular al que llaman «darse cuenta tres veces». Si surge un problema (por ejemplo, si alguien siente de pronto deseo sexual, ambición o enfado) hay que darse cuenta tres veces de que está ahí. Si hay enfado, el discípulo tiene que decir interiormente tres veces: «Enfado..., enfado..., enfado», solo para darse cuenta por completo, de manera que la conciencia tome nota. Eso es todo; después sigue con lo que estaba haciendo. No hace nada con el enfado sino que simplemente se da cuenta tres veces de que está ahí.

Es hermosísimo. En el momento en que tomas conciencia de eso y te das cuenta, desaparece. No puede atraparte porque solo puede hacerlo cuando no estás consciente. Este darte cuenta tres veces te vuelve tan consciente por dentro que quedas separado del enfado. Puedes verlo objetivamente porque está «ahí» y tú estás «aquí». Buda les dijo a sus discípulos que hicieran eso con todo.

Comúnmente, todas las culturas y civilizaciones nos han enseñado a reprimir los problemas, de manera que poco a poco uno deja de ser consciente de ellos, incluso tanto que los olvida, cree que no existen.

Lo correcto es justo lo opuesto. Toma conciencia de ellos por completo, y al tomar conciencia y enfocarte en ellos, se disolverán.

La ley de la afirmación

Hay una ley importante llamada «ley de la afirmación». Si puedes afirmar algo profunda, total y absolutamente, comenzará a volverse real. Por eso la gente se siente triste: ¡afirman la tristeza! Y también es por eso por lo que la gente es feliz, pero solo algunos, pues pocos están al tanto de lo que hacen con su vida. Una vez que afirmas la alegría, te vuelves alegre.

Vuélvelo una regla: deja de afirmar lo negativo y empieza a afirmar lo positivo. Después de algunas semanas, te sorprenderá tener una llave mágica en las manos.

Por ejemplo, si te entristeces fácilmente, todas las noches antes de dormirte afirma veinte veces en silencio y profundamente para ti (lo suficientemente fuerte para que puedas oírlo) que vas a ser alegre, que eso va a suceder, que ya viene. Has vivido tu última tristeza... ¡Adiós! Repítelo veinte veces y duérmete. Por la mañana, apenas te des cuenta de que el sueño se ha ido, no abras los ojos: repítelo veinte veces.

Observa el cambio durante el día. Te sorprenderás: a tu alrededor hay algo diferente. Después de siete días habrás afirmado algo y conocido el resultado. Entonces, despacio, lentamente, libérate de todos los aspectos negativos. Escoge algún aspecto negativo y deshazte de él durante una semana. Escoge un aspecto positivo y absórbelo.

Todo depende de nuestra elección. El infierno es creado por tus pensamientos y el cielo también. «Un hombre es como piensa.» Una vez que has visto esto (que el pensamiento puede crear el infierno y el cielo), entonces puedes dar el salto definitivo hacia el no pensamiento. Uno puede trascender tanto el infierno como el cielo, y recuerda: es más fácil trascender el cielo que trascender el infierno, así que muévete primero de lo negativo a lo positivo. Parece paradójico, pero es más fácil dejar algo hermoso que algo horrible. Lo horrible se te engancha.

Es más fácil dejar de ser rico que pobre. Es más fácil dejar a un amigo que a un enemigo. Es más fácil olvidar a un amigo que a un enemigo. Convierte el infierno en cielo (las religiones occidentales nunca han ido más allá de eso, pero Oriente lo ha intentado) y después abandona también el cielo, pues incluso un pensamiento positivo sigue siendo un pensamiento. Empieza a afirmar el no pensamiento y finalmente sucederá.

7. SEXUALIDAD Y RELACIONES

Aprende a bailar con el otro

DIAGNÓSTICO

Vivimos juntos y nunca hemos sabido nada de lo que es comunidad. Puedes vivir con alguien durante años sin saber lo que es comunidad. Observa el mundo y verás que la gente vive junta, nadie vive solo: esposas con esposos, hijos con sus padres, padres con amigos; todo el mundo vive con alguien. La vida se da en comunidad, pero ¿sabes lo que es la comunidad? Después de haber vivido cuarenta años con tu esposa puede ser que no hayas vivido con ella ni un solo momento. Aun haciendo el amor con ella puedes haber estado pensando en otras cosas. Entonces no estabas ahí, hacías el amor mecánicamente.

Oí que en una ocasión Mulá Nasrudín fue al cine con su esposa. Llevaban casados por lo menos veinte años. ¡Resultó ser una de esas ardientes películas extranjeras! Al salir del cine, su esposa le dijo: «Nasrudín, nunca me amas como los actores de la película se amaban, ¿por qué?». Nasrudín le respondió: «¿Estás loca? ¿Sabes cuánto les pagan para que hagan esas cosas?».

La gente vive junta sin amarse porque solo ama cuando obtiene alguna ventaja, ¿y cómo puedes amar si solo amas cuando puedes obtener algo? El amor también se ha convertido en un bien mercantil. No es una relación, una comunidad, una celebración. No estás feliz con el otro; como mucho lo toleras.

La esposa de Mulá Nasrudín estaba en su lecho de muerte y el doctor dijo: «Mulá Nasrudín, debo serte franco; en estos momentos lo mejor es la verdad. Tu mujer no tiene salvación. La enfermedad nos ha sobrepasado y debes prepararte. No te permitas sufrir, acéptalo, es tu destino. Tu esposa va a morir». Mulá Nasrudín dijo: «No te preocupes. Si pude sufrirla durante tantos años, puedo aguantar unas horas más».

Como mucho toleramos, y siempre que piensas en términos de tolerancia sufres, tu comunidad está sufriendo. Es por eso por lo que Jean-Paul Sartre dice que el infierno son los otros..., porque con el otro simplemente sufres, y se convierte en la atadura, en tu dominador. El otro empieza a crear problemas y pierdes tu libertad y tu felicidad. Así se convierte en una rutina, en algo que tolerar. Si estás tolerando al otro, ¿cómo puedes conocer la belleza de la comunidad? Nunca ha sucedido de verdad.

El matrimonio casi nunca se da, pues matrimonio significa la celebración de la comunidad. No es un permiso. Ningún registro civil puede darte el matrimonio; ningún sacerdote puede regalártelo. Es una revolución tremenda en el ser, una gran transformación en todo tu estilo de vida, y solo puede suceder cuando celebras la comunidad, cuando el otro no es sentido como «otro», cuando tú no te sientes como «yo». Cuando los dos no son realmente dos, ha aparecido un puente, en cierto sentido se han vuelto uno. Físicamente siguen siendo dos, pero en lo que se refiere al ser interior se han vuelto uno. Pueden ser los polos de una existencia pero no son dos. Existe un puente que te permite vislumbrar la comunión. Cruzarse con un matrimonio es una de las cosas más extrañas. La gente vive junta porque no puede vivir sola. Recuerda esto: porque no puede vivir sola, vive junta. Vivir solo no es cómodo, no es económico, es difícil, por eso la gente vive acompañada. Las razones son negativas.

Un hombre iba a casarse y alguien le preguntó: «Siempre has estado en contra del matrimonio, ¿por qué de repente has cambiado de idea?». Él contestó: «Dicen que este invierno será muy crudo. ¡No puedo pagar calefacción central y una esposa es más barata!».

Esa es la lógica. Vives con alguien porque es cómodo, conveniente, económico, más barato. Vivir solo es realmente difícil y la esposa desempeña muchos papeles: es ama de llaves, cocinera, sirvienta, enfermera. Es la mano de obra más barata del mundo, hace mucho sin que se le pague nada. Es una explotación. El matrimonio existe como una institución de explotación; no es comunidad. Por eso no florece ningún tipo de felicidad en él. De las raíces de la explotación, ¿cómo puede nacer el éxtasis?

Están los que vosotros llamáis santos, que dicen que estás triste porque vives en familia y porque vives en el mundo. Dicen: «¡Déjalo todo, renuncia!», y su lógica parece ser correcta; no porque sea correcta, sino porque has olvidado la comunidad. Si no fuera así, todos esos santos parecerían totalmente equivocados. Alguien que ha conocido la comunidad ha conocido lo divino; alguien que realmente vive en matrimonio ha conocido lo divino, pues el amor es la mayor de las puertas.

Sin embargo, no hay comunidad y tú vives con alguien sin saber lo que es la comunidad; vives así durante setenta, ochenta años, sin saber lo que es la vida. Vas a la deriva sin ninguna raíz. Pasas de un momento a otro sin saborear lo que la vida te da. No lo tienes de nacimiento. El conocimiento de la vida no es hereditario.

La vida llega con el nacimiento, pero la sabiduría, la experiencia, el éxtasis tienen que ser aprendidos. De ahí la importancia de la meditación. Debes merecerla, crecer hacia ella, alcanzar cierta madurez; solo entonces serás capaz de conocerla. La vida puede abrirse hacia ti solo en un cierto momento de madurez, pero la gente vive y muere de manera infantil. Nunca crecen realmente, nunca llegan a la madurez.

¿Qué es la madurez? El hecho de ser maduro sexualmente no significa que seas maduro. Pregúntales a los psicólogos: dicen que la edad mental del adulto promedio es de trece o catorce años. Tu cuerpo físico sigue creciendo pero tu mente se detiene a la edad de trece años. ¡No es extraño que te comportes de manera tan tonta, que tu vida se convierta en una idiotez continua! Una mente que no ha crecido está sujeta a hacer algo mal en todo momento.

Además, una mente inmadura siempre responsabiliza a otro. Te sientes infeliz y crees que es porque todo el mundo hace de tu vida un infierno. «El infierno son los otros.» Considero que esta aseveración de Sartre es muy inmadura. Si eres maduro, el otro también puede convertirse en el cielo. El otro es lo que tú eres porque solo es como un espejo, refleja tu imagen.

Cuando digo «madurez» me refiero a integridad interior, y esto llega solo cuando dejas de hacer responsables a otros, cuando dejas de decir que el otro crea tu sufrimiento, cuando te das cuenta de que eres el creador de tu sufrimiento. Este es el último paso hacia la madurez: yo soy el responsable. Lo que sea que esté sucediendo, se debe a mí.

Estás triste. ¿Eres tú la causa? Te sentirás muy perturbado, pero si puedes mantenerte con esa sensación, tarde o temprano dejarás de hacer muchas cosas. De eso se trata la teoría del *karma.* Tú eres el responsable. No digas que son la sociedad, tus padres, las condiciones económicas; no le cargues la responsabilidad a nadie. Tú eres el responsable. Al principio parecerá una carga porque ya no hay a quién culpar. Pero acéptalo.

Alguien le preguntó a Mulá Nasrudín: «¿Por qué estás tan triste?». Él contestó: «Mi esposa insistió en que dejara de jugar, fumar y beber, y yo lo hice». Entonces el hombre dijo: «Tu esposa debe de estar ahora muy feliz». Mulá Nasrudín dijo: «Ese es el problema. Ahora ya no tiene nada de qué quejarse y por lo tanto es muy infeliz. Empieza a hablar, pero no puede encontrar nada de qué quejarse. Ahora no puede hacerme responsable de nada y nunca la había visto tan infeliz. Pensé que cuando dejara esas cosas se alegraría, pero se ha vuelto más infeliz que nunca».

Si adjudicas la responsabilidad a otros y ellos hacen lo que tú les digas, terminarás suicidándote. En un momento dado no habrá nadie a quien cargarle tus responsabilidades.

Por ello, es bueno tener algunos defectos; ayuda a los demás a ser felices. Si hubiera un marido realmente perfecto, su esposa lo abandonaría. ¿Cómo puede dominar a un hombre perfecto? Así que aunque no quieras, haz algunas cosas mal de manera que tu pareja pueda dominarte y sentirse feliz.

Donde hay un esposo perfecto es inevitable el divorcio. Encontrad un hombre perfecto y estaréis todas en contra de él, pues no podréis condenar, no podréis decir nada malo acerca de él. A nuestra mente le encanta adjudicarle la responsabilidad a alguien. Nuestra mente quiere quejarse. Nos hace sentir bien pues ya no somos responsables, ya no llevamos ninguna carga. Sin embargo, perder esa carga es muy costoso. Realmente no vas sin carga, sino que la aumentas cada vez más. Lo único que sucede es que no estás alerta. Hay gente que ha vivido durante setenta años y muchas vidas sin saber lo que es la vida. No ha sido madura, integral, no ha estado centrada. Ha vivido en la periferia.

Si tu periferia encuentra otra periferia ocurre un choque, y si sigues preocupándote porque la otra persona está equivocada, permaneces en la periferia. Una vez que te das cuenta: «Yo soy el responsable de mi ser; cualquier cosa que haya sucedido, yo soy la causa, yo lo he hecho», de repente tu conciencia pasa de la periferia al centro. Te conviertes por primera vez en el centro de tu mundo.

Entonces puede hacerse mucho, pues puedes tirar lo que no te guste, adquirir lo que te guste, seguir lo que sientas verdadero y no necesitar nada que sientas falso, pues ahora estás centrado y enraizado en ti mismo.

Puertas y paredes

Si te mantienes cerrado, te mantienes muerto. Es como si tuvieras todo el cielo disponible y solo estuvieras mirando por el ojo de la cerradura. Claro que también puedes ver un poco de cielo a través de la cerradura y a veces pasa un rayo de sol. En ocasiones puedes ver una estrella vacilante, pero es difícil y tú permaneces pobre. Déjalo, puedes hacerlo. Intenta un pequeño experimento.

Todas las noches antes de acostarte, sitúate en mitad de la habitación y mira la pared. Concéntrate en ella. Piensa en ti como en una pared sin puertas, completamente cerrada. Nadie puede entrar y tú no puedes salir; estás preso. Psicológicamente, conviértete en una pared. Entonces toda tu energía se vuelve una pared, una muralla china.

Durante diez minutos sé una pared y ponte tenso, tanto como puedas. Desecha todas las aberturas y ciérrate por completo, lo que Leibniz llamó una «mónada», un átomo sin ventanas, mantente totalmente cerrado en ti mismo. Empezarás a transpirar y a temblar; surgirá ansiedad. Te sentirás como si te estuvieras muriendo, como si estuvieras entrando en tu tumba. No te preocupes; entra en ella. Lleva al clímax esa tensión, esa contracción y ese temblor.

Entonces date la vuelta, mira la puerta (mantenla abierta) y conviértete en una puerta. Empieza a sentir que te vuelves una puerta, no eres una pared. Cualquiera puede entrar en ti, ni siquiera hay necesidad de tocar. También pueden salir, no hay barrera. Relájate. Relaja todo el cuerpo y todo el sentimiento. Expándete. Permanece ahí quieto pero expándete. Siente que llenas toda la habitación, que tu energía fluye por fuera de la puerta hacia el jardín. Simplemente deja que la energía salga y siente que el mundo exterior entra.

Durante diez minutos sé una pared y durante veinte minutos sé una puerta. Después duérmete. Hazlo durante al menos tres meses. Después de la tercera semana empezarás a sentirte más abierto. Pero continúa.

Te estoy dando ambas, la pared y la puerta, de manera que puedas sentir el contraste con más facilidad.

Una vez que entiendas tu propia energía (que se vuelve una pared y se vuelve una puerta) estarás al tanto de una dimensión muy hermosa. Podrás sentir las energías de otros. Al cruzarte con un hombre en la calle, podrás sentir si es una pared o una puerta. Tendrás una comprensión interna de eso. Si quieres relacionarte con ese hombre pero sientes que es una pared, no lo hagas, porque nada sucederá. Solo relaciónate cuando sientas que es una puerta.

Esto se volverá una experiencia tan profunda para tus relaciones que ni siquiera puedes imaginarlo. Acércate a una persona cuando es una puerta y esa misma persona será totalmente diferente. Acércate a tu hijo cuando es una puerta; entonces te escuchará, entonces estará listo para absorber lo que dices. De otra manera estarás gritando y no te escuchará; será una pared. Háblale a tu amado cuando sea una puerta. Haz el amor con tu amante cuando sea una puerta. Cuando es una pared es mejor no perturbarlo. Sin embargo, una vez que lo sientes dentro de ti, puedes sentirlo en cualquier lugar.

Comunión con tu pareja

Empezad una meditación juntos. Sentaos frente a frente por la noche y juntad las manos cruzándolas. Durante diez minutos miraos a los ojos y, si el cuerpo empieza a moverse o mecerse, dejaos llevar. Podéis parpadear pero continuad mirándoos a los ojos. Si el cuerpo se mece (lo cual sucederá), permitídselo. No os soltéis de las manos, pase lo que pase. No debéis olvidarlo. Después de diez minutos cerrad los ojos y permitid el movimiento diez minutos más. Luego levantaos y moveos juntos con las manos unidas durante otros diez minutos.

Esto mezclará profundamente vuestras energías. Durante diez minutos miraos a los ojos tan profundamente como sea posible y permitid el movimiento; permaneced diez minutos con los ojos cerrados, aún sentados, moviéndoos. Solo sentid que la energía os posee. Entonces levantaos y con los ojos abiertos permitid el movimiento. Casi se volverá una danza, pero mantened las manos unidas de la misma manera.

Haced esto durante media hora todas las noches durante diez días y, si os sentís bien, podéis hacerlo también por la mañana. Practicadlo dos veces al día, pero no más.

El otro oceánico

Observa el mar; hay millones de olas. Nunca ves el mar; siempre ves las olas, pues están en la superficie. Sin embargo, cada ola no es más que un movimiento del mar, el mar se mueve por medio de todas las olas. Recuerda el océano y olvida las olas, pues las olas no existen realmente, solo existe el océano.

Cuando tengas tiempo siéntate con alguien: tu amado, tu esposa, tu esposo, tu amigo o cualquier persona, un extraño servirá; solo sentaos y miraos a los ojos sin pensar y tratad de penetrar la mirada. Solo mirad cada vez más profundamente en los ojos del otro. Pronto os daréis cuenta de que habéis atravesado las olas y el océano se ha abierto ante vosotros. Miraos a los ojos profundamente, pues los ojos son solo las puertas, y no penséis. Si tan solo os miráis fijamente, pronto las olas desaparecerán y el océano será revelado.

Hazlo primero con un ser humano, porque estás más cerca de ese tipo de ola. Después hazlo con animales, con los que hay un poco más de distancia. Después con árboles, cuyas olas son aún más distantes; finalmente con rocas.

Si puedes mirar profundamente a los ojos sentirás que la persona ha desaparecido. Algún fenómeno oceánico está escondido detrás, y esta persona era solo el oleaje de un mar profundo, una ola de algo desconocido y escondido.

Intenta lo siguiente, ya que es algo que vale la pena saber: siempre que percibas alguna distinción, reconoce que estás en la superficie. Todas las distinciones pertenecen a la superficie; «muchos» pertenece a la superficie.

Mira profundamente y no te engañes con la superficie. Pronto serás consciente de un océano a tu alrededor. Entonces verás que tú eres también solo una ola, tu ego es solo una ola. Detrás de ese ego está escondido lo que no tiene nombre, el uno.

Desbloquea tu energía sexual

Todas las mañanas después de dormir ponte en medio de la habitación y sacude todo el cuerpo. ¡Conviértete en una coctelera! Sacude todo el cuerpo, desde la punta del pie hasta la cabeza, y siente que es casi orgásmico..., como si estuvieras experimentando un orgasmo sexual.

Disfrútalo, nútrelo y, si sientes ganas de emitir algún sonido, hazlo. Disfrútalo durante diez minutos. Después frota todo el cuerpo con una toalla seca y date un baño. Hazlo todas las mañanas.

Esperad el momento

Antes de empezar a hacer el amor, siéntate con tu pareja en silencio durante quince minutos con las manos juntas, cruzadas.

En la oscuridad o con una luz muy tenue. Sintonizaos. La manera de hacerlo es respirando juntos. Cuando espiras, el otro espira; cuando aspiras, el otro aspira. Después de dos o tres minutos estaréis respirando juntos. Respirad como si estuvierais en un organismo; no dos cuerpos sino uno, y miraos a los ojos sin agresividad, suavemente.

Tomaos tiempo para disfrutaros. Jugad con vuestros cuerpos. No hagáis el amor a menos que el momento surja por sí mismo. No se trata de que planifiques hacer el amor, sino que de repente te encuentres haciéndolo. Espera eso. Si no llega, no hay necesidad de forzarlo. Es bueno; id a dormir, no hace falta hacer el amor. Esperad ese momento uno, dos o tres días. Un día llegará, y cuando llegue, el amor será muy profundo. Será un sentimiento muy, muy silencioso, oceánico. Hay que esperar el momento, no forzarlo.

El amor es algo que tiene que hacerse como la meditación. Es algo que debe cuidarse y saborearse muy lentamente, de manera que tu ser se vea totalmente inundado y se convierta en una experiencia tan abrumadora que ya no estés ahí. No es que tú estés haciendo el amor, tú eres amor. El amor se vuelve una energía más grande alrededor de ti. Os trasciende a ambos; estáis perdidos en él. Pero para eso tendréis que esperar.

Esperad el momento y pronto sabréis cómo encontrarlo. Permitid que la energía se acumule y dejad que suceda por sí solo. Poco a poco seréis conscientes de cuándo surge el momento. Empezaréis a ver sus síntomas, su preludio, y entonces no habrá dificultad.

Salvaje y observador

No hay peligro en ser salvaje; es hermoso. En realidad, solo una persona salvaje puede ser hermosa. Una mujer que no es salvaje no puede ser hermosa, porque cuanto más salvaje sea, más viva estará. Entonces sé simplemente como un tigre salvaje o un venado salvaje corriendo en el bosque; ¡algo tan bello! La cuestión es no perder la conciencia.

De esta manera, todo el proceso de convertirte en un testigo es el proceso de transformar la energía sexual. Ten sexo y permanece alerta. Sin importar lo que suceda, obsérvalo y mira a través de eso; no te pierdas ni un detalle. Observa cualquier cosa que ocurra en tu cuerpo, en tu mente y en tu energía interior; se está creando un nuevo circuito. La electricidad del cuerpo se está moviendo de una manera nueva, de un modo circular, y se ha vuelto una con el compañero. Ahora se crea un círculo interior, siéntelo. Si estás alerta, podrás sentirlo. Sentirás que te has convertido en el vehículo de una energía vital en movimiento.

Permanece alerta. Pronto serás consciente de que conforme se crea el circuito se desechan los pensamientos; van cayendo como las hojas amarillas de un árbol. Los pensamientos se están cayendo y la mente se está vaciando cada vez más.

Permanece alerta y pronto verás que tú eres pero no hay ego. No puedes decir «yo». Te ha sucedido algo más grande que tú. Tú y tu pareja os habéis disuelto en una energía mayor.

Sin embargo, esta unión no debe dejar de ser consciente, pues en caso contrario os estaréis perdiendo la cuestión más importante; debe ser un acto sexual hermoso pero no una transformación. Es hermoso, no tiene nada de malo, pero no es una transformación, y si no es consciente te moverás siempre por un camino trillado. Una y otra vez querrás tener esa experiencia. La experiencia es hermosa pero se convertirá en una rutina, y cuanto más la tengas más la desearás y te moverás en un círculo vicioso. No creces, solo rotas.

Si permaneces alerta verás: primero, cambios de energía en el cuerpo; segundo, pensamientos que dejan la mente, y tercero, al ego que deja el corazón.

Estas tres cosas deben ser observadas con mucho cuidado. Una vez que la tercera ha sucedido, la energía sexual se ha vuelto energía meditativa. Ya no estás practicando el sexo. Puedes estar acostado junto a tu amado o amada, los cuerpos juntos, pero ya no estáis ahí; habéis sido transportados a un mundo nuevo.

Disfrutad el tiempo separados

El amor es una relación entre tú y alguien más. La meditación es una relación contigo mismo. El amor es hacia fuera, la meditación es hacia dentro.

El amor es compartir, pero ¿cómo puedes compartir si no tienes nada? ¿Qué vas a compartir? La meditación te dará algo que puede ser compartido. La meditación te dará la cualidad, la energía que puede convertirse en amor si te relacionas con alguien.

La meditación no es nada más que la manera de relacionarte contigo mismo. Y si no puedes relacionarte contigo mismo, ¿cómo puedes esperar relacionarte con alguien más? Así que el primer amor es hacia uno mismo. Solo así es posible el segundo. La gente se precipita en el segundo tipo de amor sin saber nada sobre el primero.

Si añoras a tu amor, recuérdala, recuérdalo. Escribe cartas hermosas... ¡y no te preocupes si dicen verdades o mentiras! Deben ser hermosas. Escribe poemas y dedícale una hora a la persona amada todas las noches. De las diez a las once de la noche apaga las luces, siéntate en la cama y recuerda a esa persona, siéntela.

En tu visualización toca el cuerpo de la otra persona, besa, abraza y pierde el control. El otro nunca será tan hermoso como en tus fantasías. La gente de carne y hueso nunca es tan hermosa, o muy raramente. ¡Tarde o temprano empiezan a apestar! Sin embargo, la fantasía es simplemente maravillosa.

Derrocha amor

Cuando la energía se mueve hacia arriba, la energía sexual se transforma y cambia su cualidad. Así, la necesidad de sexo será cada vez menor y la necesidad de amor, cada vez mayor. La energía que va hacia abajo se vuelve sexo y la energía que va hacia arriba se vuelve amor.

No esperes. Empieza a volverte más y más afectuoso hacia la gente. Conviértete en un derrochador de amor. Sé afectuoso con tus amigos e incluso con los extraños. Con los árboles y las rocas, simplemente sé afectuoso.

Estás sentado en una roca y, al igual que cuando tocas a quien amas, verás que al tocar la roca con un amor profundo habrá una respuesta por su parte. Lo puedes sentir casi inmediatamente; la roca ha respondido. La roca ya no es una roca. Toca un árbol con un amor profundo y repentinamente verás que es recíproco. No es solo que tú seas afectuoso con el árbol; el árbol está respondiendo, resonando.

Sé afectuoso con cualquier cosa que hagas. Incluso si estás comiendo, come con cariño, mastica la comida afectuosamente. Al tomar un baño recibe el agua que cae sobre ti con un amor, un respeto y una gratitud profundos, pues lo sagrado está en todas partes y todo es sagrado. Una vez que empiezas a sentir que todo es sagrado, no sentirás sed de amor porque será saciada por todas partes.

Primera y última vez

Recuerda siempre que, cuando estés con alguna persona, puede ser la última vez. No desperdicies el encuentro en trivialidades, no crees problemas ni conflictos sin sentido. Cuando llega la muerte no importa nada más. Alguien hace algo, dice algo y tú te enfadas; piensa en la muerte. Piensa en esa persona o en ti muriendo; ¿qué importancia tendrá que haya dicho eso? Además, tal vez esa persona no lo decía en ese sentido, puede haber sido solo tu interpretación. En el noventa y nueve por ciento de los casos se trata de una interpretación.

Recuerda: cuando estés con alguna persona, él o ella no será la persona que conocías, pues todo cambia continuamente. No puedes bañarte dos veces en el mismo río ni puedes encontrarte dos veces con la misma persona. Puedes ir a ver a tus padres, a tus hermanos, hermanas o amigos, pero habrán cambiado. Nada permanece igual. Tú has cambiado, no vas a ser el mismo, y no los vas a encontrar iguales. Si recordáis estas dos cosas, el amor florecerá entre los dos. Cuando mires a una persona, hazlo como si fuera la primera vez que la vieras. Mírala como si se tratase de la última vez que la fueras a ver. Y así será como debe ser. Este pequeño momento de encuentro puede llenarte inmensamente.

Libera lo negativo

El amor es siempre hermoso al principio porque no dejas que tus energías destructivas entren en juego. Al inicio solo intervienen tus energías positivas; ambos compañeros cooperan con energía positiva y la cosa es simplemente maravillosa. Pero poco a poco empiezan a salir las energías negativas a la superficie; no las puedes mantener guardadas siempre. Una vez que has terminado con tu energía positiva, que es muy poca, sale la negativa, que es mucha. La positiva es solo una pequeña cantidad, así que después de unos días se acaba la luna de miel y viene lo negativo. El infierno abre sus puertas y no puedes entender qué ha pasado. Una relación tan hermosa, ¿por qué está por los suelos?

Si estás alerta desde el principio, puede salvarse. Así que entrega tu energía positiva, pero recuerda que tarde o temprano saldrá la negativa. Cuando esto suceda libera solo la energía negativa.

Entra en una habitación, libera lo negativo; no hay necesidad de descargarlo en la otra persona.

Si quieres gritar y enfadarte, ve a una habitación, grita, enójate y golpea una almohada. Nadie debe ser tan violento como para arrojarles cosas a otras personas. No te han hecho nada malo; entonces, ¿por qué habrías de arrojarles cosas? Es mejor tirar todo lo negativo a la basura. Si permaneces alerta te sorprenderás de ver que puedes hacerlo, y una vez que liberas lo negativo, lo positivo surge otra vez.

Puede liberarse en pareja solo cuando esté muy avanzada la relación, cuando ha quedado establecida por completo. Entonces también debe hacerse como medida terapéutica. Cuando los dos miembros de una pareja han llegado a estar muy alerta, a ser muy positivos, se han consolidado como un ser y son capaces de tolerar y usar la negatividad del otro, serán capaces de llegar a un acuerdo en el que podrán ser negativos también juntos, como medida terapéutica.

Mi sugerencia es que permitáis que esto se haga de manera muy consciente; dejad que sea muy deliberado. Como regla, todas las noches durante una hora sed negativos uno con el otro (permitid que sea un juego) en vez de ser negativos en cualquier lugar y en cualquier momento. La gente no suele estar tan alerta (durante veinticuatro horas no está alerta), pero durante una hora ambos podéis sentaros juntos y ser negativos. Entonces se convertirá en un juego y será como un ejercicio terapéutico. Después de una hora habréis terminado y no os sentiréis mal, no llevaréis malos sentimientos a la relación.

En la primera fase lo negativo debe liberarse a solas. En la segunda debe liberarse en un momento particular, con un acuerdo previo de que ambos liberaréis lo negativo. En la tercera fase debéis comportaros naturalmente y no habrá miedo. Entonces podréis ser tanto negativos como positivos y ambas formas serán hermosas, pero solo en la tercera fase.

En la primera fase empiezas a sentir que el enfado ya no viene; tienes la almohada enfrente y el enfado no está. Vendrá durante meses, pero un día encontrarás que ya no fluye; ha perdido el sentido y no puedes enfadarte a solas. Entonces habrás terminado la primera fase. Espera a que tu pareja sienta si su primera fase ha terminado o no. Si ambos estáis listos, comienza la segunda fase. Entonces, durante una o dos horas (por la mañana o por la noche, vosotros decidís) volveos negativos deliberadamente. Es un psicodrama; muy impersonal.

No golpeas con dureza; golpeas pero no contra la otra persona. De hecho, simplemente estás sacando tu negatividad. No estás acusando al otro, no estás diciendo: «Estás mal»; simplemente estás diciendo: «Siento que estás mal». No estás diciendo: «Me insultaste»; dices: «Me sentí insultado». Es totalmente diferente. Es un juego deliberado: «Me siento insultado, así que voy a sacar mi enfado. Tú eres lo más cercano que tengo, así que, por favor, sírveme de excusa»..., y el otro debe hacer lo mismo.

Llegará un momento en el que sintáis otra vez que ya no funciona esa negatividad deliberada. Esperáis durante una hora y no os viene nada a ninguno de los dos. Entonces habréis terminado con la segunda fase. Empieza la tercera fase, que durará toda la vida. Ahora estáis preparados para ser negativos y positivos; podéis ser espontáneos. Así es como el amor se convierte en matrimonio.

De la soledad al recogimiento

La gente cree que cuando está sola tiene que estar triste. Esas son solo asociaciones e interpretaciones equivocadas, pues todo lo que es hermoso siempre ha sucedido en soledad; nada ha pasado en medio de una multitud. Nada del más allá sucede salvo cuando uno está en retiro absoluto, solo.

Sin embargo, la mente extravertida ha creado un condicionamiento por todos lados, el cual ha echado raíces: cuando estás solo te sientes mal. Sal, frecuenta gente, pues toda felicidad es con la gente.

Eso no es verdad. La felicidad que surge de estar con la gente es muy superficial, y la que sucede cuando estás solo es muy profunda. Disfrútala.

Incluso la palabra «solo» te produce cierta tristeza. No digas «soledad», di «recogimiento»; llámalo «retiro», no lo llames «aislamiento». Los nombres erróneos pueden producir problemas. Llámalo un «estado meditativo» (lo es) y, cuando suceda, disfrútalo.

Canta algo, baila o simplemente siéntate en silencio frente a la pared a esperar que algo suceda. Conviértelo en una espera y pronto conocerás algo diferente. No tiene nada que ver con la tristeza. Una vez que has probado la verdadera profundidad del recogimiento, toda relación es superficial. Ni siquiera el amor puede llegar tan profundamente como el recogimiento, porque, a fin de cuentas, el otro está presente y su mera presencia te mantiene más cerca de la circunferencia, de la periferia. Cuando no hay nadie, ni siquiera el recuerdo de alguien, y estás realmente solo, empiezas a hundirte y te ahogas en ti mismo.

No tengas miedo. En un principio ese ahogo parecerá la muerte y estarás rodeado por la oscuridad. Te rodeará la tristeza porque siempre has conocido la felicidad con otras personas en las relaciones. Simplemente espera un poco. Húndete más profundamente y verás que surgen un silencio y una quietud que tienen una danza en sí mismos..., un movimiento sin movimiento en su interior. Nada se mueve y, sin embargo, todo tiene una velocidad enorme; vacío pero lleno. Las paradojas se encuentran y las contradicciones se disuelven.

Siéntate en silencio, relajado pero alerta, pues estás esperando, algo descenderá sobre ti. Siempre que te sientes, hazlo frente a la pared. Una pared es muy hermosa. No hay posibilidad de moverse; hacia donde mires está la pared. No hay adónde ir. No coloques ni siquiera un cuadro, que sea solo la pared lisa. Cuando no hay nada que ver, poco a poco desaparece el interés por ver. Con solo estar frente a una pared lisa, un vacío y una claridad paralelos surgen dentro de ti. Paralela a la pared surge otra, de no pensamiento.

Permanece abierto y disfruta. Sonríe o, si quieres, tararea algo o muévete ligeramente. En ocasiones puedes danzar, pero mantente de frente a la pared; deja que sea tu objeto de meditación.

Tienes que encarar tu soledad tarde o temprano. Una vez que lo haces, la soledad cambia de color, de cualidad. Su sabor se vuelve totalmente diferente. Se convierte en recogimiento. Entonces ya no es aislamiento, es retiro. El aislamiento conlleva desolación, el retiro es como un gran valle de felicidad.

8. CONEXIÓN CUERPO Y MENTE

Ejercicios para la salud y la integridad

DIAGNÓSTICO

Mulá Nasrudín estaba ejerciendo de testigo en el tribunal. Se dio cuenta de que el relator del tribunal anotaba todo lo que decía. Él hablaba cada vez más rápidamente. Finalmente, el relator trataba de mantener su ritmo de manera frenética. De pronto, Mulá dijo: «¡Qué barbaridad, señor! No escriba tan rápido. No puedo seguirle».

No me fijo en el reloj para nada. Pero he llegado a entender mi cuerpo. He llegado a entender sus necesidades. He aprendido mucho al escucharlo. Y si tú también escuchas y estás atento a tu cuerpo, empezarás a tener una disciplina que no puede llamarse disciplina.

No me he forzado a hacerlo. He intentado todo tipo de cosas en mi vida. He experimentado continuamente solo para sentir dónde se ajusta perfectamente mi cuerpo. Hace tiempo me levantaba temprano, a las tres de la mañana. Luego a las cuatro, luego a las cinco. Ahora llevo muchos años levantándome a las seis. Poco a poco fui observando lo que se ajusta a mi cuerpo. Uno tiene que ser muy sensible.

Ahora bien, los fisiólogos dicen que el cuerpo, mientras duerme, pierde su temperatura normal durante dos horas; la temperatura cae dos grados. Puede suceder entre las tres y las cinco, o entre las dos y las cuatro, o entre las cuatro y las seis, pero el cuerpo de todos disminuye en dos grados su temperatura todas las noches. Y esas dos horas son las del sueño más profundo. Si uno se levanta en medio de esas dos horas, se sentirá desorientado todo el día. Uno puede haber dormido seis o siete horas, no importa. Si te levantas en medio de esas dos horas, cuando la temperatura ha bajado, entonces te sentirás cansado todo el día, somnoliento, bostezando. Y sentirás que falta algo. Estarás más alterado, el cuerpo se sentirá poco saludable.

El momento adecuado para levantarse es exactamente después de esas dos horas. Entonces te sentirás completamente nuevo. Si solo puedes dormir durante dos horas, hasta eso es suficiente. No se necesitan seis, siete u ocho horas. Si uno duerme solo esas dos horas, cuando la temperatura disminuye dos grados, se sentirá contento y a gusto. Todo el día sentirá la gracia, el silencio, la salud, la integridad, el bienestar.

Pero cada cual debe observar cuáles son esas dos horas. No hay que seguir ninguna disciplina del exterior, por el simple hecho de que fue buena para la persona que la creó... Algún yogui se levanta a las tres de la mañana porque es muy adecuado para él, pero luego sus seguidores se levantan a las tres y se sienten apagados todo el día. Piensan que no son capaces de una disciplina tan común. Se sienten culpables. Lo intentan pero no lo logran, y creen que su maestro es muy excepcional, grandioso. Él nunca está apagado. Sencillamente, le sienta bien.

Tienes que encontrar tu propio cuerpo, tu modo, lo que conviene, lo que es bueno para ti. Y una vez que lo has encontrado, podrás fácilmente darle lugar, y no será forzado porque estará a tono con el cuerpo, así que no habrá nada que se parezca a una imposición; no habrá lucha, ni esfuerzo. Observa lo que te conviene cuando comes. La gente come todo tipo de cosas. Luego se altera y su mente se ve afectada. Nunca hay que seguir la disciplina de otro, porque nadie es como tú, y nadie puede decir lo que te conviene.

Por eso yo os doy solo una disciplina, que es la de la conciencia de uno mismo, la de la libertad. Escuchar el propio cuerpo. El cuerpo tiene una gran sabiduría; si lo escuchas no te equivocarás. Si no lo haces y le impones cosas nunca te sentirás feliz, sino infeliz, enfermo, incómodo y siempre alterado y distraído, desorientado.

Esta ha sido una larga experimentación. He comido casi de todo, y con el tiempo he eliminado todo lo que no me convenía. Ahora solo como lo que me conviene. Mi cocinera tiene problemas porque debe cocinar casi lo mismo todos los días y no puede creer cómo lo sigo comiendo y disfrutando. Comer está bien, pero ¿disfrutarlo? Si te conviene puedes disfrutar lo mismo una y otra vez. Para ti no será una repetición. Si no te conviene, entonces hay problemas.

Un jueves por la noche, Mulá Nasrudín fue a cenar a su casa. Su esposa le sirvió alubias cocidas. Lanzó su plato de alubias contra la pared y gritó: «¡Odio las alubias cocidas!».

«Mulá, no te entiendo —dijo su mujer—. El lunes por la noche te gustaban las alubias cocidas, el martes te gustaban las alubias cocidas, el miércoles te gustaban las alubias cocidas y de pronto ahora, el jueves por la noche, dices que odias las alubias cocidas. ¡Esto es incongruente!»

Normalmente no se puede comer lo mismo todos los días. Pero la razón no es porque sea lo mismo, la razón es que no le conviene a uno. Un día se puede tolerar, otro día ya es un exceso. Y ¿cómo se puede tolerar todos los días? Si te conviene no hay problema; puedes vivir toda la vida comiéndolo, y todos los días lo disfrutas porque te trae armonía. Simplemente se ajusta a ti, está de acuerdo contigo.

Sigues respirando; es el mismo aliento. Sigues bañándote; es la misma agua. Sigues durmiendo; es el mismo descanso. Pero te conviene, por eso todo está bien. Entonces no es una repetición.

La repetición es tu actitud. Si vives en perfecta armonía con la naturaleza, entonces no debes preocuparte por el ayer que ya pasó, no lo llevas en tu mente. No comparas tus ayeres con tu hoy y no proyectas tus mañanas. Simplemente vives aquí y ahora, disfrutas este momento.

Disfrutar el momento no tiene nada que ver con cosas nuevas. Disfrutar el momento sin duda tiene que ver con la armonía. Puedes seguir cambiando cosas nuevas todos los días, pero si no te convienen, siempre estarás corriendo de aquí para allá sin encontrar reposo.

Pero lo que sea que yo haga no viene impuesto, es espontáneo. Así fue como, con el tiempo, me hice consciente de las necesidades de mi cuerpo. Siempre escucho a mi cuerpo. Nunca impondría mi mente sobre mi cuerpo. Haz lo mismo y tendrás una vida más feliz, más dichosa.

PRESCRIPCIONES

Conéctate con el cuerpo en la salud

Estar en contacto con el cuerpo significa tener una profunda sensibilidad. Tal vez ni siquiera sientas tu cuerpo; sucede que solo cuando uno está enfermo siente su cuerpo. Cuando hay dolor de cabeza, entonces sientes la cabeza; sin el dolor de cabeza no hay contacto con la cabeza. Si siento dolor en la pierna te vuelves consciente de ella. Te vuelves consciente solo cuando algo está mal.

Si todo está bien permaneces sin ninguna conciencia. Y en realidad ese es el momento en que debe hacerse el contacto, cuando todo está bien, porque, cuando algo está mal, entonces el contacto se establece con la enfermedad, con algo que está mal y donde ya no está la sensación de bienestar.

Tu cabeza está ahí en este momento; luego viene el dolor de cabeza y estableces el contacto. ¡El contacto no se hace con la cabeza sino con el dolor! El contacto con la cabeza solo es posible cuando no hay dolor y está llena de bienestar.

Pero casi hemos perdido esa capacidad. No tenemos ningún contacto cuando estamos bien, de manera que nuestro contacto solo es una medida de emergencia. Hay dolor de cabeza, así que se necesita una reparación, se necesita un medicamento. Algo debe hacerse, de modo que se establece el contacto y se hace algo. Trata de establecer el contacto con tu cuerpo cuando todo está bien.

Acuéstate en la hierba, cierra los ojos y percibe la sensación que surge por dentro, el bienestar que burbujea en tu interior. Acuéstate en un río. El agua te toca el cuerpo y todas las células se refrescan. Siente por dentro cómo entra esa frescura, célula por célula, y penetra profundamente en el cuerpo. El cuerpo es un gran fenómeno, uno de los milagros de la naturaleza.

Siéntate bajo el sol. Deja que los rayos penetren en el cuerpo. Siente la calidez mientras se mueve por dentro, entra más, toca tus células sanguíneas y llega hasta los huesos. El sol es vida, su fuente misma. Así, con los ojos cerrados, siente lo que pasa. Permanece alerta, observa y disfruta.

Con el tiempo te harás consciente de una armonía muy sutil, una música muy hermosa que se da continuamente en tu interior. Ten contacto con el cuerpo; si no lo haces, estarás cargando con un cuerpo muerto.

Así que hay que tratar de ser cada vez más sensible con el cuerpo. Escúchalo; dice muchas cosas, pero estás tan orientado solo a la cabeza que no lo escuchas. Cuando hay un conflicto entre tu mente y tu cuerpo, el cuerpo casi siempre tendrá la razón. Porque el cuerpo es natural, la mente es social; el cuerpo pertenece a la vasta naturaleza y la mente pertenece a la sociedad, tu sociedad específica, la generación y la época. El cuerpo tiene raíces profundas en la existencia y la mente solo flota en la superficie. Pero siempre escuchamos a la mente, nunca al cuerpo. Debido a esa antigua costumbre se pierde el contacto.

Todo el cuerpo vibra en torno al centro del corazón, tal como el sistema solar se mueve alrededor del sol. Comenzamos a vivir cuando el corazón empezó a latir y moriremos cuando deje de hacerlo. El corazón sigue siendo el centro solar de tu cuerpo. Permanece alerta. Pero puedes llegar a estar alerta, con el tiempo, solo si estás alerta con todo el cuerpo.

Meditación en movimiento

Deja que tu meditación sea más y más de movimiento.

Por ejemplo, correr, nadar o bailar pueden ser una meditación hermosa. La conciencia debe añadirse al movimiento. Movimiento más conciencia: esa es la fórmula para ti. Corre, pero con plena conciencia; mantente alerta.

Es natural y fácil mantenerse alerta mientras estás en movimiento. Cuando estás sentado en silencio, lo natural es dormirse. Cuando te encuentras acostado en la cama, resulta muy difícil mantenerse alerta porque toda la situación ayuda a quedarse dormido. Pero, naturalmente, en el movimiento no te quedas dormido. Estás más alerta. El único problema es que el movimiento puede volverse mecánico. Puedes estar corriendo mecánicamente. Puedes convertirte en un experto, en un corredor profesional; entonces no hay necesidad de estar alerta. El cuerpo sigue corriendo como un mecanismo, un autómata, y así se pierde la auténtica finalidad.

Nunca te conviertas en un experto en correr. Sigue siendo un aficionado, de modo que permanezcas en estado de alerta.

Si alguna vez sientes que correr se ha vuelto automático, déjalo. Intenta nadar. Si esto también se vuelve automático, entonces baila. Lo que hay que recordar es que el movimiento solo es una situación para crear conciencia. Mientras cree conciencia es bueno; si deja de crear conciencia ya no sirve. Cambia a otro movimiento en que tengas que estar alerta otra vez. Nunca dejes que ninguna actividad se vuelva automática.

Imagínate corriendo

Si puedes correr, no hay necesidad de otra meditación; ¡es suficiente!

Cualquier acción en que puedas ser total se convierte en meditación, y correr es tan hermoso que puedes perderte totalmente en ello. Estás en contacto con todos los elementos: el sol, el aire, la tierra y el cielo. Estás en contacto con la existencia. Cuando corres, la respiración se profundiza naturalmente y empieza a masajear el centro *hara*, que de hecho es el centro desde donde se libera la energía meditativa. Está justo cinco centímetros por debajo del ombligo. Cuando la respiración se profundiza, masajea ese centro y lo hace estar vivo.

Cuando tu sangre es pura y no está entorpecida por tóxicos y basura (está roja y viva, llena de alegría, y cada gota baila dentro de ti), te encuentras en el ánimo adecuado para atrapar la meditación. Entonces no hay necesidad de hacerla; ¡sucede! Correr contra el viento es una situación perfecta. Es la danza de los elementos.

Mientras corres, no puedes pensar; si piensas, entonces no estás corriendo como debe ser. Cuando corres totalmente, el pensamiento se detiene. Te ligas tanto a la tierra que la cabeza ya no funciona. El cuerpo está en tal actividad que ya no queda energía para que la cabeza siga; el pensamiento se detiene.

En la meditación llegarás una y otra vez a estos momentos que aparecen al correr, y al correr llegarás una y otra vez a los momentos que aparecen con la meditación. Con el tiempo, ambos métodos se unirán en uno solo. No habrá necesidad de hacerlos por separado; puedes correr y meditar, puedes meditar y correr.

Intenta alguna vez esta técnica: acostado en la cama, imagina que estás corriendo. Imagina toda la escena: los árboles, el viento, el sol, toda la playa y el aire salado. Imagínalo todo, visualízalo y hazlo lo más coloridamente que sea posible.

Recuerda cualquier mañana que te haya gustado mucho, cuando estabas corriendo en alguna playa o en algún bosque. Deja que te llene por completo; incluso el olor de los árboles, los pinos, o el olor de la playa. Deja que cualquier cosa que te haya gustado mucho esté ahí casi como si fuese real; luego corre en tu imaginación.

Verás que tu respiración cambia. Sigue corriendo... y podrás recorrer largas distancias. No tiene fin; lo podrás hacer durante horas. Te sorprenderás de que, incluso al hacer esto en la cama, alcanzarás otra vez esos momentos en que la meditación de pronto está allí.

De modo que si un día no puedes salir a correr por alguna razón (porque estás enfermo, la situación no lo permite o no vale la pena correr en la ciudad), puedes hacer esta meditación y alcanzarás los mismos objetivos.

Convence a tu cuerpo de que se relaje

Para la relajación sencillamente hay que relajarse, sin pensar en nada; es justo lo contrario de la concentración. Hay un método que puedes empezar a aplicar por la noche.

Justo antes de dormirte, siéntate en una silla. Ponte cómodo; la comodidad es la parte más esencial. Para la relajación uno debe estar muy cómodo, así que hazlo. Toma cualquier postura que quieras en la silla, cierra los ojos y relaja el cuerpo.

Desde los dedos de los pies hasta la cabeza, siente por dentro los puntos en los que hay tensión. Si la sientes en la rodilla, relaja la rodilla. Solo toca la rodilla y dile: «Por favor, relájate». Si sientes alguna tensión en los hombros, simplemente toca el lugar y dile: «Por favor, relájate».

En una semana podrás comunicarte con tu cuerpo, y una vez que empieces a hacerlo, las cosas se volverán muy fáciles.

No es necesario forzar al cuerpo; puedes convencerlo. No es necesario luchar contra el cuerpo. Eso es violento y agresivo, y cualquier tipo de conflicto creará más tensión. Así que no es necesario que estés en conflicto; que la comodidad sea la regla. Y el cuerpo es un regalo tan hermoso por parte de la existencia, que luchar contra él es negar la existencia en sí. Es un santuario y estamos guardados preciosamente en él, es un templo. Existimos en él y tenemos que cuidarlo; es nuestra responsabilidad.

Así que durante siete días haz lo siguiente, aunque te parezca un poco absurdo al principio, porque nunca nos han enseñado a hablar con nuestro cuerpo, y hay milagros que se dan a través de él: lo primero es relajarte en la silla, en la oscuridad o con poca luz, como prefieras; pero la luz no debe ser brillante. Diles a todos: «Durante los próximos veinte minutos no debe haber ninguna interrupción, ninguna llamada telefónica, nada en absoluto». Durante esos veinte minutos será como si el mundo no estuviera allí.

Cierra las puertas, relájate en la silla, con ropa suelta para que nada te apriete, y empieza a sentir dónde está la tensión. Encontrarás muchos puntos de tensión que son los primeros que tienen que relajarse, porque si el cuerpo no está relajado, la mente tampoco lo estará. El cuerpo crea la situación para que la mente se relaje. El cuerpo se convierte en el vehículo de relajación.

Sigue tocando el lugar, donde encuentres alguna tensión, toca tu propio cuerpo con amor profundo y compasión. El cuerpo es tu servidor y no le has pagado nada a cambio; es sencillamente un regalo. Y es tan complejo que la ciencia aún no ha sido capaz de hacer algo parecido.

Pero nunca pensamos en eso; no amamos al cuerpo. Al contrario, nos enoja. El cuerpo es uno de los chivos expiatorios más antiguos. Puedes echarle lo que sea; el cuerpo es mudo y no puede responder, no puede decir que estás equivocado. Así que, digas lo que digas, el cuerpo no tiene una reacción en contra.

Recorre todo el cuerpo y rodéalo de compasión cariñosa, con gran comprensión y cuidado. Esto te llevará por lo menos cinco minutos, y empezarás a sentirte muy lánguido y relajado, casi somnoliento.

Luego lleva tu conciencia a la respiración, relaja la respiración. El cuerpo es nuestra parte más externa, la conciencia la más interna, y la respiración es el puente que los une. De modo que cuando el cuerpo esté relajado, cierra los ojos y observa tu respiración; relájala también. Conversa un poco con la respiración: «Por favor, relájate; sé natural». Verás que cuando lo digas habrá un leve chasquido.

Por lo general, la respiración se ha vuelto antinatural y hemos olvidado cómo relajarla; estamos tensos tan constantemente que se ha vuelto habitual que la respiración permanezca tensa. Solo dile dos o tres veces que se relaje y luego quédate en silencio.

Sé más sensible

Sé más sensible. No puedes serlo en una sola dimensión. O bien eres sensible en todas las dimensiones o no lo eres en ninguna. La sensibilidad pertenece a tu ser total. Así que sé más sensible; así todos los días podrás sentir lo que está pasando.

Por ejemplo, cuando caminas bajo el sol, siente los rayos en tu cara, sé sensible. Hay allí un toque sutil. Te están alcanzando. Si los puedes sentir, entonces también sentirás la luz interna cuando te alcance; si no, no podrás hacerlo.

Siente el verdor que te rodea, siente la diferencia de humedad, siente el aroma que viene de la tierra. Si no puedes percibirlo, no podrás sentir los cambios internos cuando empiecen a suceder.

Comienza por lo externo porque es más fácil. Y si no puedes sentir lo externo, no podrás sentir lo interno. Sé más poético y menos negociante en la vida. A veces no cuesta nada ser sensible.

Cuando te estás bañando, ¿sientes el agua? Simplemente lo tomas como una rutina y luego sales. Siéntela durante unos minutos. Quédate bajo la ducha y siente el agua; siéntela fluir sobre ti. Esto puede convertirse en una experiencia profunda, porque el agua es vida. Tú mismo eres en un noventa por ciento agua. Y si no puedes sentir el agua que cae sobre ti, no podrás sentir las mareas internas de tu propia agua.

La vida nació en el mar y tú tienes algo de agua dentro de tu cuerpo con cierta cantidad de sal. Ve a nadar al mar y siente el agua fuera de ti. Pronto sabrás que eres parte del mar y que la parte interna pertenece al mar. Entonces también sentirás eso. Y cuando hay luna y el mar se agita en respuesta a ella, tu cuerpo también se agitará como respuesta. Se agita, pero no lo puedes sentir. De modo que si no puedes sentir las cosas obvias, te será difícil sentir algo tan sutil como la meditación.

¿Cómo puedes sentir el amor? Todos están sufriendo. He visto a miles de personas con un dolor profundo. El sufrimiento es por el amor. Quieren amar y quieren ser amados, pero el problema es que, si alguna vez los amas, ellos no pueden sentirlo. Seguirán preguntando: «¿Me amas?». Entonces, ¿qué hacer? Si dices que sí, no lo creerán porque no pueden sentirlo. Si dices que no, se sentirán lastimados.

Si no puedes sentir los rayos del sol, la lluvia, la hierba, si no puedes sentir nada de lo que te rodea (la atmósfera), entonces no puedes sentir cosas más profundas como el amor y la compasión; es muy difícil. Solo puedes sentir ira, violencia, tristeza, porque son toscas. La sutilidad es el camino que va hacia adentro y, cuanto más sutil sea tu meditación, más sutiles serán los sentimientos. Por lo tanto, tienes que estar preparado.

Por ello, la meditación no es solo algo que haces durante una hora y después olvidas. En realidad, toda la vida tiene que ser meditativa. Solo entonces empezarás a sentir las cosas. Y cuando digo que toda la vida debe ser meditativa, no quiero decir que cierres los ojos durante veinticuatro horas y te sientes a meditar. ¡No! Dondequiera que estés puedes ser sensible y esa sensibilidad tendrá su recompensa.

¿Puedes llorar? ¿Puedes reír espontáneamente? ¿Puedes bailar espontáneamente? ¿Puedes amar espontáneamente? Si no es así, ¿cómo puedes meditar? ¿Puedes jugar? ¡Es difícil! Todo se ha vuelto difícil. El ser humano se ha vuelto insensible.

Trae de nuevo tu sensibilidad. ¡Reclámala! ¡Juega un poco! Ser juguetón es ser religioso. Ríe, llora, canta, haz algo espontáneamente con todo tu corazón. Relaja tu cuerpo, relaja tu respiración y muévete como si fueras niño otra vez. Recupera el sentimiento; menos pensamiento, más sentimiento. Vive más con el corazón, menos con la cabeza.

En ocasiones, vive totalmente en el cuerpo; olvida el alma. Vive totalmente en el cuerpo, porque si ni siquiera sientes el cuerpo, no sentirás el alma. Recuérdalo. Regresa al cuerpo. En realidad merodeamos cerca del cuerpo, pero no estamos en él. Tenemos miedo de estar en el cuerpo. La sociedad ha creado el temor, y tiene raíces profundas.

Regresa al cuerpo, sal otra vez; sé como un animal inocente. Mira a los animales saltar, correr; de vez en cuando corre y salta como ellos, y así regresarás a tu cuerpo. Entonces serás capaz de sentir tu cuerpo, los rayos del sol, la lluvia y el viento que sopla. Solo con esta capacidad de ser consciente de todo lo que sucede a tu alrededor, desarrollarás la capacidad de sentir lo que está pasando dentro de ti.

Para fumadores (1)

Chuparse el dedo es mejor que fumar, y luego será más fácil dejar de fumar.

Esto es algo importante que hay que entender: si de niño te chupabas el dedo y lo dejaste, ahora has elegido fumar para sustituirlo. Fumar no es tu problema; no puedes hacer nada al respecto. Sin embargo, por más que te esfuerces nunca lo lograrás porque, en primer lugar, no es un problema; el problema fue otra cosa y lo has reemplazado. Has dejado de lado el problema real y en su lugar está uno falso. No puedes cambiarlo.

Mi sugerencia es que te olvides de luchar contra el cigarrillo; empieza a chuparte el dedo. Y no te preocupes; es hermoso, en verdad hermoso. No tiene nada de malo porque no hace daño. Empieza a chuparte el dedo y, una vez que lo hagas, dejarás de fumar. Cuando dejes de fumar estarás en buen camino. Luego, durante unos meses sigue chupándote el dedo para que el hábito de fumar durante tantos años desaparezca. De seis a nueve meses chúpate el dedo, y no te avergüences de hacerlo, porque no tiene nada de malo.

Primero deja de fumar y, en su lugar, empieza a chuparte el dedo. Ve hacia atrás, ten una regresión. Después de seis o nueve meses, cuando haya desaparecido del todo el hábito de fumar, sustituye el chuparte el dedo. Comienza a beber leche en un biberón todas las noches, como los niños. Disfrútalo como un pecho y que no te dé vergüenza. Disfrútalo todas las noches con regularidad durante quince minutos; te dará un sueño muy profundo. Luego duérmete acostado junto a la botella. También por la mañana, cuando abras los ojos, puedes coger la botella y chupar un poco de leche tibia. Durante el día también, dos o tres veces, no mucho, solo un poco de leche.

Así, primero dejas el cigarrillo, luego te chupas el dedo y después dejas de hacer también eso. Luego regresas al pecho (esta vez artificialmente) y, a partir de ahí, los problemas desaparecerán. Después de unos días verás que ya no hay necesidad. Al principio beberás cuatro, cinco o seis veces al día, luego tres veces, luego dos y luego una. De pronto, un día sentirás que no hay necesidad. Así es como desaparecerá.

Si luchas contra el cigarrillo, nunca lo lograrás. Millones de personas están luchando y nunca lo logran porque no siguen el procedimiento completo. Hay que hacerlo de manera muy científica. Hay que llegar a la raíz: te faltaba el pecho de tu madre. No obtuviste de él tanto como querías. Ese deseo permanece, no se ha ido, y con ese deseo algo del niño insatisfecho siempre permanecerá dentro de ti. El problema no es realmente fumar; el niño insatisfecho estará allí.

Una vez manejes bien este problema, verás que por primera vez eres un adulto. Una vez que ese niño y su deseo de mamar desaparezcan, de pronto sentirás un estallido de energía; algo enjaulado ha sido liberado. Serás adulto.

Una vez que conoces la raíz, puedes cortarla. Pero si no la conoces seguirás luchando contra la sombra y serás derrotado, nunca podrás triunfar. De modo que hazlo como un programa de un año.

No solo desaparecerá el hábito de fumar, sino que a través de ello te transformarás. Algo muy básico en ti, que te está reteniendo, desaparecerá. Tu cuerpo será más saludable y tu mente, más aguda e inteligente. En todos los aspectos serás más adulto.

Para fumadores (2)

Sugiero que fumes tanto como quieras. En primer lugar, no es pecado. Te lo garantizo, me hago responsable. Asumo el pecado, de modo que si te encuentras con Dios el día del Juicio Final, dile solo que este hombre es responsable. Y yo estaré allí como testigo de que tú no eres responsable. Así que no te preocupes por que sea pecado. Relájate y no trates de dejarlo con gran esfuerzo. No, eso no te ayudará.

Fuma tanto como quieras pero hazlo meditativamente. Si la gente zen puede tomar el té meditativamente, ¿por qué no vas a fumar meditativamente? De hecho, el té contiene el mismo estimulante que el cigarrillo; no hay mucha diferencia entre ellos. Fuma de forma meditativa, muy religiosamente. Hazlo como una ceremonia. Inténtalo a mi manera.

Arregla un rincón de tu casa solo para fumar: un pequeño templo dedicado al dios de fumar. Primero inclínate ante tu paquete de cigarrillos. Ten una conversación, habla con los cigarrillos. Pregúntales: «¿Cómo estáis?», y luego, muy lentamente, saca un cigarrillo, tan despacio como puedas, porque solo si lo haces lentamente tomarás conciencia de ello. No lo hagas de manera mecánica, como siempre lo haces. Luego da golpecitos a la cajetilla con el cigarrillo, también pausadamente y durante el tiempo que quieras. Tampoco en esto hay prisa. Después coge el encendedor; inclínate ante él. ¡Estos son grandes dioses, deidades! La luz es dios, entonces ¿por qué no el encendedor?

Luego empieza a fumar muy despacio, como una meditación budista. No lo hagas como un ejercicio de respiración de yoga (*pranayama*), de forma rápida, seguida y profunda, sino muy lenta. Buda dice: «Respira naturalmente». Entonces fuma naturalmente; despacio, sin prisa. Si es un pecado tienes prisa, quieres terminarlo lo antes posible y no quieres mirarlo. Continúas leyendo el periódico y fumas. ¿Quién quiere mirar un pecado? Pero esto no es un pecado, así que míralo, observa cada uno de tus actos.

Divide tus actos en pequeños fragmentos para que te puedas mover muy lentamente. Y te sorprenderás; al observarte fumando lentamente, el hecho de fumar disminuirá cada vez más. Y de pronto un día... desaparecerá. No habrás hecho ningún esfuerzo para dejarlo; desaparecerá por sí solo, porque al tomar conciencia de un patrón muerto, una rutina, un hábito mecánico, has creado y liberado una nueva energía de conciencia dentro de ti. Solo esa energía puede ayudarte; nada más te ayudará.

Y no solo es así con el cigarrillo, sino con todo lo demás en la vida; no hagas mucho esfuerzo por cambiarte. Eso deja cicatrices. Aun si cambias, será superficialmente y encontrarás un sustituto en alguna parte; tendrás que encontrarlo porque si no te sentirás vacío.

Y cuando algo se deteriora por sí solo, porque en silencio te has hecho consciente de su estupidez, no se necesita ningún esfuerzo, cae sencillamente, como una hoja muerta que cae de un árbol, no deja una cicatriz y no deja atrás el ego.

Si dejas algo a través del esfuerzo, esto crea un gran ego. Empiezas a pensar: «Ahora soy un hombre muy virtuoso porque no fumo». Si crees que fumar es pecado y lo dejas, naturalmente creerás que eres un hombre muy virtuoso.

Así son los hombres «virtuosos». Alguien que no fuma, alguien que no bebe, alguien que come solo una vez al día, alguien que no come por la noche, alguien que ha dejado de tomar agua por la noche... ¡y todos son grandes santos! ¡Estas son cualidades santas, grandes virtudes!

Hemos hecho de la religión algo tan tonto que ha perdido toda su gloria. Se ha vuelto tan estúpida como la gente. Pero todo depende de tu actitud; si crees que algo es un pecado, entonces tu virtud será su opuesto.

Insisto: no fumar no es una virtud, fumar no es un pecado; la conciencia es una virtud, la falta de conciencia es pecado. Esta misma ley se aplica a toda tu vida.

Come alimentos que resuenen

Hay dos tipos de comida. Una es la que te gusta, que se te antoja o que está en tus fantasías. No hay nada malo en eso, pero tendrás que aprender un truco relacionado con ello.

Hay comida que resulta tremendamente atractiva, y eso solo se debe a que está disponible. Entras en un hotel o un restaurante y ves cierta comida: su olor y su color. No estabas pensando en comida y de pronto te interesa. Esto no te ayudará; este no es tu deseo verdadero. Puedes comer eso pero no te satisfará. Comerás y nada resultará; no se derivará de ello ninguna satisfacción, y la satisfacción es lo más importante. La insatisfacción es lo que crea la obsesión por la comida.

Sencillamente, medita todos los días antes de comer. Cierra los ojos y siente lo que necesita tu cuerpo, sea lo que sea. No has visto la comida y no hay comida disponible; simplemente estás sintiendo tu propio ser, lo que tu cuerpo necesita, lo que se te antoja y lo que anhelas.

El doctor Leonard Pearson llama a esto «comida que resuena», comida que te atrae por su sonido. Ve y come todo lo que quieras, pero que sea de esa comida. A la otra la llama «comida tentadora»: cuando está disponible te interesas por ella. Entonces se trata de algo mental y no de tu necesidad. Si oyes a tu comida que resuena, puedes comer todo lo que quieras y nunca sufrirás porque quedarás satisfecho. El cuerpo simplemente desea lo que necesita; nunca desea otra cosa. Eso te dará satisfacción, y una vez que hay satisfacción, no comerás más.

El problema surge solo si estás comiendo comida que es «tentadora»; la ves disponible, te interesas y la comes. No puede satisfacerte porque en el cuerpo no hay necesidad de ella. Cuando no te satisface, te sientes insatisfecho. Y por eso comes más. Pero por más que comas no te va a satisfacer porque ante todo no había necesidad de ella. El primer tipo de deseo debe cumplirse, y entonces el segundo desaparecerá.

Te llevará unos días o hasta unas semanas llegar a sentir qué te gusta. Come cuanto quieras de lo que te gusta. No te preocupes por lo que otros digan. Si se te antoja el helado, come helado. Come hasta estar satisfecho, a tus anchas, y de pronto verás que hay satisfacción. Cuando estás satisfecho, el deseo de hartarte desaparece. El estado de insatisfacción te hace hartarte más y sin ningún sentido. Te sientes lleno y todavía insatisfecho, así que ahí surge el problema.

Primero tienes que aprender algo que es natural y que llegará, porque solo lo has olvidado; está dentro de tu cuerpo.

Antes de desayunar, cierra los ojos y visualiza lo que quieres, lo que realmente es tu deseo. No pienses en lo que está disponible; simplemente piensa qué deseas y luego búscalo y cómelo. Come cuanto quieras. Durante unos días haz lo mismo. Con el tiempo verás que ya no hay comida que te «tiente».

En segundo lugar, cuando comas, mastica bien. No lo tragues con prisa, porque si es oral lo disfrutas en la boca; entonces, ¿por qué no masticarlo más? Si das diez bocados de un alimento, puedes disfrutar un bocado y masticarlo diez veces más. Casi será como dar diez bocados si lo que disfrutas es el sabor.

Por ello, cuando estés comiendo, mastica más, porque el disfrute está justo encima de la garganta. Debajo de la garganta no hay sensibilidad al sabor (ni nada que se le parezca), así que ¿para qué la prisa? Simplemente mastica más y saborea más. Para que el sabor sea más intenso, haz todo lo que hay que hacer. Primero huele la comida. Disfruta su olor porque la mitad del sabor proviene del olor.

Huele la comida, mira la comida. No hay prisa, tómate el tiempo necesario. Conviértelo en una meditación. Aunque la gente crea que te has vuelto loco, no te preocupes. Mírala desde muchos lados. Tócala con los ojos cerrados, con la mejilla. Siéntela de todas las maneras; huélela una y otra vez. Luego toma un bocado y mastícalo, disfrútalo; que sea una meditación. Una pequeña cantidad de comida será suficiente y te dará más satisfacción.

Duerme bien

Vete a dormir a la misma hora con regularidad; si es a las once de la noche, que sea a las once. Mantén esa hora regular y pronto el cuerpo entrará en un ritmo. No cambies la hora, porque confundirás al cuerpo. Hay un ritmo biológico y el cuerpo le ha perdido la pista. Así que si decides ir a la cama a las once, que sea una rutina fija; suceda lo que suceda tendrás que acostarte a las once. Puedes decidir que sean las doce, no importa la hora, pero tiene que ser regular. Ese es el primer paso.

Antes de acostarte, baila vigorosamente durante media hora para que el cuerpo pueda deshacerse de todas sus tensiones. Si tienes problemas de insomnio, seguramente te acuestes con las tensiones; eso es lo que te mantiene despierto. De modo que si te vas a dormir a las once, empieza a bailar a las diez. Baila hasta las diez y media.

Luego toma una ducha o un baño caliente. Relájate en el baño durante quince minutos. Deja que todo el cuerpo se relaje. Primero el baile, para que todas las tensiones salgan, luego una ducha caliente. Un baño caliente es mucho mejor que una ducha, porque puedes acostarte en la bañera durante media hora o quince o veinte minutos y relajarte.

Luego come algo, cualquier cosa caliente estará bien, no fría. Bastaría con leche caliente; luego acuéstate. Y nunca leas antes de dormir.

Este debería ser el programa, un programa de una hora: baila, báñate, come algo (lo mejor es leche caliente) y luego duerme. Apaga la luz y duérmete. No te preocupes por que el sueño llegue o no. Si no llega, quédate acostado en silencio y fíjate en tu respiración. No respires demasiado ya que eso te mantendría despierto. Deja la respiración tal cual, en silencio, pero sigue fijándote en ella: entra y sale, entra y sale... Es un proceso tan monótono que pronto estarás bien dormido. Todo lo monótono ayuda. Y la respiración es absolutamente monótona, no cambia... Sale y entra y sale y entra...

También puedes usar las palabras «entrando» y «saliendo», «entrando» y «saliendo». Eso se convierte en una meditación trascendental, ¡y la meditación trascendental es buena para dormir, no para despertar!

Si no llega el sueño, no te levantes. No vayas a la nevera a buscar comida, ni leas ni hagas nada. Pase lo que pase quédate en la cama, relajado. Aunque no llegue el sueño, relajarse es casi tan valioso como dormir; solo un poco menos valioso, eso es todo. Si dormir te da un descanso del ciento por ciento, relajarte en la cama te dará un noventa por ciento. Pero no te levantes, si no perturbarás el ritmo.

Al cabo de pocos días verás que llega el sueño. También hay que fijar la hora exacta de levantarse por la mañana.

Aunque no hayas dormido en toda la noche, no importa; cuando suene el despertador tienes que levantarte. No te vuelvas a dormir durante el día porque así puedes perturbar el ritmo. ¿Cómo podrá tu cuerpo adoptar un ritmo? No duermas durante el día; olvídalo. Espera a la noche y a las once te volverás a acostar. Que el cuerpo esté hambriento de sueño. Así siempre, de las once a las seis..., siete horas son suficientes.

Aun cuando durante el día tengas ganas de dormir, ve a caminar, lee, canta o escucha música, pero no duermas. Resiste esa tentación. La finalidad es devolver el cuerpo a un círculo rítmico.

Tira la basura

Antes de dormir, empieza a decir galimatías. Treinta minutos de galimatías serán suficientes. Te vaciará con rapidez. Esto lleva bastante tiempo si se hace del modo habitual, porque sigues y sigues rumiando y los pensamientos continúan ahí, así que puedes llegar a tardar toda la noche. ¡Pero es posible hacerlo en media hora!

Un galimatías es lo mejor: simplemente siéntate en la cama, apaga las luces y empieza a hablar en lenguas desconocidas. Deja que salgan los sonidos; deja que salga lo que sea. No tienes que preocuparte por el lenguaje, por la gramática ni por lo que estás diciendo. No tienes que preocuparte por el significado; no tiene nada que ver. Cuanto menos significado, mejor.

Esto simplemente tira la basura de la mente, tira el ruido. Así que di lo que sea, simplemente comienza y sigue, pero tienes que ser muy apasionado al respecto, como si estuvieras hablando y tu vida estuviera en juego. Estás diciendo galimatías y no hay nadie allí salvo tú, pero hazlo con pasión, mantén un diálogo apasionado. Treinta minutos bastan, y dormirás bien toda la noche.

La mente acumula ruido, y cuando quieres dormir el ruido continúa. Ya se ha convertido en costumbre; ya no sabe cómo apagarse, eso es todo. El interruptor que la enciende y la apaga no funciona. Esto ayudará. Simplemente te permitirá liberar esa energía y luego, vacío, te dormirás.

Eso es lo que sucede con los sueños y los pensamientos por la noche: la mente está tratando de vaciarse para el día siguiente; tiene que prepararse. Has olvidado cómo terminar este proceso, y cuanto más lo intentas, más despiertas, de modo que es difícil dormir.

Por lo tanto, no es cuestión de intentar dormir o no; no intentes nada. ¿Cómo puedes soltar las cosas? Sucede, no es algo que tengas que hacer. Solo puedes crear una situación en que ocurra fácilmente, eso es todo. Apaga la luz, tiéndete en una cama cómoda, con una buena almohada y a una temperatura reconfortante. Eso es todo lo que puedes hacer. Luego, involúcrate durante media hora en un monólogo realmente intenso, sin sentido.

Llegarán sonidos (enúncialos), y un sonido llevará a otro. Pronto estarás hablando en chino, italiano, francés y otras lenguas que no conoces. Es realmente hermoso porque el idioma que conoces nunca te ayudará a vaciarte. Dado que lo conoces, no permitirás que las cosas tengan su expresión completa. Tendrás miedo de muchas cosas. «¿Qué estás diciendo? ¿Está bien que lo digas? ¿Es moral?» Puedes empezar a sentirte culpable por estar diciendo tantas cosas malas. Cuando hablas en sonidos no sabes lo que estás diciendo, pero tus gestos y tu pasión cumplirán esa función.

Recupérate del agotamiento

Durante siete días haz un pequeño experimento. Te tranquilizará y te proporcionará una gran comprensión de ti mismo. Durante siete días duerme lo más que puedas; come bien y vuélvete a dormir, come bien y otra vez a dormir. Durante siete días no leas, no escuches la radio, no mires televisión y no veas a nadie. Detén todo por completo. Simplemente relájate y descansa acostado. Esos siete días serán una gran experiencia para ti. Cuando salgas de esto podrás adaptarte perfectamente a cualquier tipo de sociedad y a cualquier tipo de trabajo. De hecho, en esos siete días empezarás a anhelar trabajar y estar activo, y surgirá un gran deseo de levantarte de la cama. Pero durante siete días quédate acostado.

9. EL OJO DEL HURACÁN

Mantente tranquilo, calmado y conectado

DIAGNÓSTICO

Hay tres cualidades que se desarrollan a medida que se profundiza en la meditación. Por ejemplo, empiezas a sentir amor sin razón alguna. No el amor que conoces, en el que tienes que caer (no caer enamorado). Se trata más bien de la cualidad de ser afectuoso, no solo con los humanos. Conforme tu meditación se profundice, empezarás a ser afectuoso no solo con la humanidad sino con los animales, los árboles e incluso las rocas y las montañas.

Si sientes que algo queda fuera de tu amor, significa que estás estancado. Tu cualidad de ser afectuoso debe extenderse a toda la existencia. Conforme tu meditación se eleva, tus cualidades más bajas empiezan a ser desechadas. No puedes manejar ambas. No puedes enfadarte con tanta facilidad como antes. Lentamente se volverá imposible el enfado. Ya no puedes traicionar, hacer trampa ni explotar de ninguna manera. Ya no puedes herir. Tu patrón de comportamiento se irá modificando con el cambio de tu conciencia interna.

Ya no caerás en esos momentos tristes en los que sueles caer: frustración, derrota, tristeza, falta de sentido, ansiedad, angustia; todo eso se volverá extraño poco a poco.

Llegará un momento en que, aun queriendo enfadarte, encontrarás que es imposible; habrás olvidado el lenguaje del enfado. La risa vendrá con más facilidad. Tu rostro y tus ojos estarán alumbrados con una luz interior. Sentirás que te has vuelto ligero, como si la gravedad fuera menos fuerte que antes. Habrás perdido peso porque todas esas cualidades son muy pesadas: enfado, tristeza, frustración, engaño. Todos esos sentimientos son muy pesados. Tú no lo sabes, pero pesan en tu corazón y te vuelven duro.

Conforme crece la meditación, sentirás que te vuelves suave, vulnerable. Así como la risa será fácil para ti, las lágrimas también lo serán. Sin embargo, esas lágrimas no serán de tristeza ni de pesar, sino de alegría, de éxtasis; serán lágrimas de gratitud. Dirán lo que la palabra no puede decir; esas lágrimas serán tus plegarias.

Por primera vez sabrás que las lágrimas no solo expresan tu dolor, desolación y sufrimiento; así es como las hemos utilizado. Por el contrario, tienen un propósito mucho más grande que cumplir: son inmensamente hermosas cuando surgen como expresión del éxtasis.

Encontrarás, en general, expansión; verás que te estás expandiendo, que te estás volviendo más y más grande. No en un sentido ególatra sino porque tu conciencia se está extendiendo, está abarcando gente, tus manos se hacen más grandes al abrazar a gente lejana, las distancias se hacen pequeñas, aunque estén muy lejos, las estrellas están cerca, pues tu conciencia tiene alas.

Y es tan claro y cierto que no surge la menor duda. Si surge la duda, significa que estás estancado; entonces ponte más alerta, emplea tu energía con más intensidad en la meditación. Pero si esto llega sin que haya duda...

Este mundo es extraño: si estás triste, si sufres, nadie te dice que alguien te ha lavado el cerebro, que alguien te ha hipnotizado, pero si estás sonriendo, bailando alegremente en la calle, cantando una canción, la gente se escandaliza. Te dice: «¿Qué estás haciendo? Alguien te ha lavado el cerebro. ¿Estás hipnotizado o te has vuelto loco?».

En este mundo extraño, el sufrimiento y la angustia son aceptados como algo natural. ¿Por qué? Porque siempre que estás sufriendo y estás desolado haces que la otra persona se sienta feliz de no estar tan desolada, de no ser tan infeliz. Le das una oportunidad de mostrarte simpatía, y la simpatía no cuesta nada.

Sin embargo, si eres feliz y estás en éxtasis, esa persona no puede sentirse más feliz que tú; queda por debajo de ti. Siente que algo va mal en ella. Tiene que condenarlo, pues en caso contrario tendría que pensar en sí misma, y eso le da miedo. Todo el mundo tiene miedo de pensar en sí mismo porque significa cambiar, transformar, ir más allá de los propios procesos.

Es fácil aceptar a gente con cara triste, pero resulta muy difícil aceptar a gente que ría. No debería ser así. En un mundo mejor, un mundo con gente más consciente, no debería ser así, sino justamente lo opuesto; que cuando sufrieras la gente te preguntara: «¿Qué pasa? ¿Algo va mal?», y cuando estuvieras feliz y bailando en la calle, la gente al pasar se uniera y bailara contigo, o al menos se sintiera feliz de verte bailar. No dirían que estás loco, pues bailar, cantar y ser alegre no es de locos; la desolación es de locos. Sin embargo, la locura es aceptada.

Conforme se desarrolle tu meditación, debes ser consciente de que estarás creando mucha crítica a tu alrededor y la gente te dirá: «Te pasa algo. Te hemos visto sentado solo sonriendo. ¿Por qué estabas sonriendo? No es sano». Estar triste es sano, pero sonreír no.

Para la gente será duro insultarte y que no reacciones. Simplemente dirás «gracias» y seguirás tu camino. Es duro para ellos porque insulta profundamente el ego de la persona. Te quiso hundir y tú no aceptaste; ahora solo él está hundido. No te puede perdonar.

Así que si estas cosas empiezan a pasar, puedes estar seguro de que vas por el camino correcto. Pronto la gente con entendimiento, con experiencia, empezará a ver los cambios en ti.

Empezarán a preguntarte qué te ha sucedido, cómo te ha sucedido. «También querríamos que nos sucediera a nosotros.» ¿Quién quiere ser miserable? ¿Quién quiere permanecer continuamente en la tortura interna?

Conforme tu meditación se haga más profunda, todas esas cosas empezarán a suceder: alguien te condenará, alguien creerá que estás loco, alguien con algo de entendimiento te preguntará: «¿Qué te ha pasado y cómo puede pasarme a mí?».

Permanecerás centrado, en tu ser, enraizado. No importa qué suceda alrededor. Te habrás convertido en el centro del ciclón, y lo sabrás cuando suceda. No hace falta preguntar: «¿Cómo lo sabremos?». ¿Cómo sabes que te duele la cabeza? Simplemente lo sabes.

Uno de mis maestros en la escuela era un hombre muy extraño. El primer día de clase nos dijo: «Recordad una cosa: no creo en el dolor de cabeza, no creo en el dolor de estómago; solo creo en las cosas que pueda ver. Así que si queréis estar libres de la escuela un día, no pongáis la excusa de un dolor de cabeza o de estómago; tenéis que mostrarme algo real».

Estaba considerado como un hombre muy estricto. Era difícil conseguir incluso una hora libre. Justo enfrente de su casa había dos árboles *kadamba*, muy hermosos. Al atardecer salía a caminar y regresaba ya casi de noche.

Entonces el primer día yo dije: «Esto tiene que arreglarse». Me subí a uno de los árboles y cuando él pasaba por debajo le dejé caer una piedra en la cabeza. Él gritó. Yo bajé y pregunté: «¿Qué pasa?».

Él respondió: «Me duele, y tú preguntas qué pasa».

Yo dije: «Tiene que mostrarlo. A menos que me lo muestre, no le creeré. ¡Soy su alumno! Nunca le mencione esto a nadie. No quiero que mañana me llame al despacho del director porque tendrá problemas. Tendrá que mostrar su herida, deberá ponerla sobre la mesa, de otra forma será solo ficción; lo ha inventado; se lo habrá inventado usted, será fruto de su imaginación. ¿Por qué habría de subirme a un árbol enfrente de su casa? Nunca lo he hecho en toda mi vida. ¿De repente enloquecí?».

Él contestó: «Mira, entiendo lo que quieres que entienda, pero no se lo digas a nadie. Si tienes un dolor de cabeza, yo lo aceptaré, pero no se lo digas a nadie porque es un principio que he sostenido toda mi vida. Estoy haciendo una excepción».

Yo dije: «Está bien. No me preocupan los demás. Solo entienda que cuando levante la mano, así sea un dolor de cabeza o un dolor de estómago, algo invisible, tendrá que dejarme ir».

Todo el grupo estaba sorprendido: «¿Qué pasa? En el momento en que mueves la mano, él simplemente dice: "¡Sal! ¡Sal inmediatamente!". Y durante todo el día quedas libre de su tortura. ¿Cuál es el significado de ese movimiento de mano, qué quiere decir y por qué lo afecta tanto?».

Tú lo sabrás: es mucho más profundo que un dolor de cabeza y mucho más profundo que un dolor de estómago; es mucho más profundo que un dolor de corazón. Es un dolor del alma; lo sabrás.

PRESCRIPCIONES

Busca las raíces

Uno de los problemas más comunes de la modernidad es que toda la humanidad sufre de falta de raíces. Cuando te des cuenta, sentirás una vacilación en las piernas, incertidumbre, pues las piernas son realmente las raíces del ser humano. A través de las piernas estamos enraizados en la tierra.

Todas las mañanas, si estás cerca del mar, ve a la playa y corre por la arena. Si no estás cerca del mar, entonces corre descalzo sobre la tierra desnuda y permite que haya un contacto entre los pies y la tierra. Pronto, después de algunas semanas, empezarás a sentir una energía y una fuerza increíbles en las piernas. Entonces corre descalzo.

Antes y después de correr, al principio y al final, haz lo siguiente: separa los pies unos quince o veinte centímetros y mantente quieto con los ojos cerrados. Carga todo tu peso en el pie derecho, como si solo te sostuvieras sobre él. El pie izquierdo no tiene carga. Siéntelo y después cambia de pie. Ahora carga todo el peso en el pie izquierdo y libera por completo al pie derecho, como si no tuviera nada que ver. Está ahí en la tierra, pero no sostiene ningún peso.

Hazlo cuatro o cinco veces y siente este cambio de energía. Después trata de poner el peso justo a la mitad, ni sobre la izquierda ni sobre la derecha, sino sobre ambos lados. Justo en la mitad, sin énfasis. Ese sentimiento de la mitad exacta te enraizará más a la tierra. Empieza y termina de correr con esto, y te ayudará mucho.

Respira profundamente. Si la respiración es ligera te sientes sin raíces. La respiración debe llegar hasta las raíces de tu ser, que son tus órganos sexuales. El ser humano nace a partir del sexo. La energía es sexual. La respiración debe entrar en contacto con tu energía sexual de manera que haya un masaje continuo en los órganos sexuales. De esta forma te sentirás enraizado. Si tu respiración es ligera y nunca llega hasta el centro del sexo, entonces hay un hueco. Ese hueco te causará vacilación, incertidumbre y confusión: no saber quién eres, adónde vas, cuál es el propósito de tu existencia; te sentirás a la deriva. Entonces poco a poco perderás el brillo, no tendrás vida, pues ¿cómo puede haber vida cuando no hay propósito, y cómo puede haberlo cuando no estás enraizado en tu propia energía?

Lo primero es asentarte en la tierra, que es la madre de todo. Después asentarte en el centro del sexo, que es el padre de todo. Una vez asentado en la tierra y en el centro del sexo, estarás completamente tranquilo, calmado, centrado y asentado.

Respira desde las plantas de los pies

La parte inferior del cuerpo es un problema para mucha gente, casi para la mayoría. La parte inferior ha muerto porque el sexo ha sido reprimido durante siglos. La gente tiene miedo de moverse por debajo del centro del sexo. Permanece rígida, por encima de esa zona. De hecho, mucha gente vive en la cabeza y la que es un poco más valiente vive en el torso.

Como mucho la gente baja hasta el ombligo, pero no pasa de ahí; la mitad del cuerpo está casi paralizada, y por eso también está paralizada la mitad de su vida. Entonces muchas cosas se vuelven imposibles porque la parte inferior del cuerpo es como las raíces. Las piernas son las raíces y te conectan con la tierra. Entonces las personas flotan como fantasmas, desconectadas de la tierra. Tienes que regresar a los pies.

Lao-Tse les decía a sus discípulos: «A menos que empecéis a respirar desde las plantas de los pies, no seréis mis discípulos. Respirad desde las plantas de los pies». Es perfectamente acertado. Cuanto más profundices, más se profundiza tu respiración. Es casi verdad que los límites de tu ser son los límites de tu respiración. Cuando el límite se extiende y toca tus pies, cuando tu respiración casi llega a los pies (no solo en un sentido fisiológico, sino en un sentido psicológico muy profundo), entonces serás amo de todo tu cuerpo. Por primera vez estarás íntegro, de una pieza. Empieza a sentir más y más con los pies.

A veces, simplemente colócate sobre la tierra descalzo y siente la frescura, la suavidad y la calidez. Siente lo que sea que la tierra esté lista para darte en ese momento, y permite que fluya a través de ti. Deja que tu energía fluya hacia la tierra y conéctate con ella.

Si estás conectado con la tierra, lo estás con la vida. Si estás conectado con la tierra, lo estás con tu cuerpo. Si estás conectado con la tierra, te volverás muy perceptivo y centrado, y eso es lo que necesitas.

Conciencia del hara

Cuando no tengas nada que hacer, siéntate en silencio, mira hacia dentro, llega al vientre (el centro conocido como *hara*, cinco centímetros por debajo del ombligo) y permanece ahí. Eso hará que tus energías vitales se centren. Solo tienes que mirar hacia dentro y empezará a funcionar; sentirás que la vida entera gira alrededor de ese centro.

Desde el *hara* empieza la vida y en él termina. Todos nuestros centros de energía están alejados; el *hara* queda exactamente en el centro. Es ahí donde estamos equilibrados y enraizados. Una vez que tomas conciencia del *hara*, comienzan a suceder muchas cosas.

Por ejemplo, cuanto más recuerdes el *hara*, menos pensamientos habrá. Automáticamente se reducirá el pensamiento, pues se moverá menos energía a la cabeza e irá al *hara*. Cuanto más pienses en el *hara*, cuanto más te concentres ahí, verás que surge más disciplina en ti. Llega naturalmente, no tiene que forzarse. Cuanto más consciente estés del centro del *hara*, menos miedo tendrás de la vida y de la muerte, pues es el centro de la vida y de la muerte.

Una vez que entres en sintonía con el centro del *hara*, podrás vivir con valentía. A partir de eso surge la valentía: menos pensamiento, más silencio, menos momentos sin control, disciplina natural, enraizamiento y asentamiento.

Puerto nocturno

Sentir cierta vacilación entre la derecha y la izquierda y no saber dónde está tu centro es simplemente una muestra de que ya no estás en contacto con tu *hara*, así que debes crear ese contacto.

Por la noche, cuando te vayas a dormir, acuéstate en la cama, pon ambas manos cinco centímetros por debajo del ombligo y aplica un poco de presión. Entonces empieza a respirar profundamente. Empezarás a sentir que el centro sube y baja con la respiración. Siente toda tu energía como si te estuvieras encogiendo y solo existieras como ese pequeño centro, como energía muy concentrada. Simplemente haz esto unos diez o quince minutos y después duérmete.

Puedes quedarte dormido mientras lo haces; te ayudará. Entonces permanecerás centrado durante toda la noche. Una y otra vez el inconsciente se centra ahí. Así que durante la noche, sin que lo sepas, estarás estableciendo un contacto profundo con el centro de varias maneras.

Por la mañana, cuando se haya acabado el sueño, no abras los ojos. Nuevamente pon las manos en ese punto, presiona un poco y empieza a respirar; sentirás otra vez el *hara*. Hazlo unos diez o quince minutos y después levántate. Repite esto cada noche y cada mañana. Después de tres meses empezarás a sentirte centrado.

Es esencial tener centro; si no, te sientes fragmentado. No estás unido, eres solo como un rompecabezas: fragmentos y nada de estructura, nada de totalidad. Las cosas están mal porque una persona sin centro puede ir tirando pero no amar. Sin centro puedes llevar a cabo una rutina cotidiana pero nunca podrás ser creativo. Te sentirás vivo al mínimo; el máximo no será posible para ti. Solo con centro vive uno al máximo, en el cenit, en la cima, en el clímax, y esa es la única manera; una vida verdadera.

Aura protectora

Todas las noches, antes de acostarte, siéntate en la cama e imagina un aura alrededor de tu cuerpo, a quince centímetros de él y con la misma forma, rodeándote y protegiéndote. Se convertirá en un escudo. Hazlo durante cuatro o cinco minutos y después, aún sintiéndola, duérmete. Duérmete imaginando el aura como una manta a tu alrededor que te protege, de manera que no puedan entrar tensión, pensamientos o vibraciones del exterior. Simplemente sintiendo esa aura, quédate dormido.

Esto es lo último que debe hacerse por la noche. Después de eso simplemente duérmete, de manera que la sensación continúe en tu inconsciente. Ese es el secreto. El mecanismo consiste en que empieces a imaginar conscientemente y te quedes dormido. Paulatinamente, cuando estés en el umbral del sueño, un poco de imaginación se mantendrá. Aunque te quedes dormido, algo de imaginación entrará en el inconsciente. Se convertirá en una fuerza y energía tremendas.

No sabemos cómo protegernos de los otros. Los otros no solo están ahí; están extendiendo su ser continuamente en vibraciones sutiles. Si una persona tensa pasa junto a ti, está lanzando flechas de tensión a su alrededor, no dirigidas particularmente hacia ti; simplemente las está lanzando. Es inconsciente; no se lo está haciendo a nadie a propósito. Tiene que deshacerse de su tensión porque está demasiado cargada. Enloquecerá si no lo hace. No es que haya decidido lanzarlas, es algo que se desborda. Es demasiado y no puede contenerlo, así que se desborda.

Alguien pasa junto a ti y te lanza algo. Si eres receptivo y no tienes un aura protectora, recibes lo que el otro lanza. Y la meditación te vuelve muy receptivo. Por ello, cuando estás solo, estás a gusto. Cuando estás rodeado de gente que medita, aún mejor. Sin embargo, cuando estás en el mundo, por ejemplo en el mercado, y la gente no es meditativa sino que está muy tensa y ansiosa y tiene mil cosas en la mente, empiezas a absorberlas. Eres vulnerable; la meditación lo vuelve a uno muy blando, así que, sea lo que sea lo que venga, entra en ti.

Después de la meditación tienes que crear un aura protectora. A veces sucede automáticamente, otras no. Si no es automático en ti, tienes que trabajarlo. Llegará en unos tres meses. En cualquier momento, entre tres semanas y tres meses, empezarás a sentirte muy poderoso. Así que durante la noche quédate dormido pensando de esa manera.

Por la mañana, ese debe ser el primer pensamiento. En cuanto percibas que el sueño se ha ido, no abras los ojos. Simplemente siente tu aura alrededor del cuerpo protegiéndote. Hazlo otra vez entre cuatro y cinco minutos y después levántate. Cuando te bañes y desayunes, sigue recordándola. Durante el día, siempre que tengas tiempo (sentado en un coche, un camión o en la oficina si no tienes nada que hacer) relájate y por un momento siéntela otra vez.

Entre tres semanas y tres meses después empezarás a sentirla como algo casi sólido. Te rodeará y serás capaz de sentir que puedes atravesar una multitud y no verte afectado ni tocado. Te hará inmensamente feliz porque ahora tus problemas serán solo tuyos, de nadie más.

Es muy fácil resolver los problemas propios porque son de uno mismo. Es muy difícil cuando empiezas a adueñarte de los problemas de otros; no puedes resolverlos porque no son tuyos.

Trata de crear un aura protectora y serás capaz de verla y de sentir su función. Verás que estás protegido por completo. Dondequiera que estés, las cosas irán hacia ti pero rebotarán; no te tocarán.

Acto de equilibrio

Los lados izquierdo y derecho de tu cerebro funcionan de manera separada. Siempre trabajan así, pero cuando la meditación ha penetrado profundamente, la separación y la diferencia pueden exagerarse.

Siéntate en silencio y presiona los ojos. Presiona los globos oculares hasta que empieces a ver luces. No te lastimes los ojos demasiado, pero sí puedes hacerlo un poco. Simplemente mira esas luces. Eso ajustará muchas cosas.

Presiona los ojos durante cuatro o cinco minutos y después relájalos durante otros cinco minutos; a continuación vuelve a presionar. Hazlo durante cuarenta minutos y después échales agua fría. Cierra los ojos y siente la frescura.

Repítelo durante quince días. Este ejercicio ajustará muchas cosas en el cerebro y te sentirás muy bien y sano.

Estar aquí

Conforme tu conciencia crece, el mundo empieza a cambiar. No necesitas hacer nada directamente; todos los cambios que suceden se dan casi por sí mismos. Lo único que necesitas es un esfuerzo por estar más consciente.

Vuélvete más consciente de todo lo que haces. Al caminar, hazlo conscientemente; lleva toda tu atención a tus pasos. Hay una gran diferencia entre caminar de manera inconsciente y llevar al acto la cualidad de la conciencia. El cambio es radical. Puede no ser visible desde el exterior, pero en el interior te estarás moviendo realmente en otra dimensión.

Intenta un acto pequeño; por ejemplo, al mover la mano lo haces mecánicamente. Entonces muévela con mucha conciencia, sintiendo lentamente el movimiento y observando desde tu interior cómo lo realizas.

Con solo ese pequeño gesto estás en el umbral de lo divino porque sucederá un milagro. Ese es uno de los grandes misterios que la ciencia aún no es capaz de medir. Decides que quieres mover la mano y la mano sigue tu deseo. Es un milagro porque es conciencia contactando con materia, y no solo eso, sino materia siguiendo a la conciencia. Nadie ha encontrado todavía el puente. Es mágico. Es el poder de la mente sobre la materia; de eso se trata la magia. Lo haces todo el día, pero aún no lo has hecho conscientemente; de otra manera, con ese simple gesto surgiría una gran meditación en ti. Esa es la forma en que lo divino mueve toda la existencia. Caminando, sentado, escuchando o hablando, permanece alerta.

Unificador

Cada vez que espires di «uno» y cuando aspires no digas nada. Cuando espires simplemente di: «Uno..., uno..., uno». No solo lo digas, sino también siente que toda la existencia es una, es unidad. No lo repitas, solo ten la sensación, y decir «uno» ayudará.

Hazlo durante veinte minutos diarios y establece como regla que nadie te moleste cuando lo lleves a cabo. Puedes abrir los ojos y mirar el reloj, pero no pongas el despertador. Cualquier cosa que pueda sobresaltarte no ayudará, así que no lleves el teléfono a la habitación y no permitas que nadie llame a la puerta. Durante esos veinte minutos tienes que estar totalmente relajado. Si hay demasiado ruido alrededor, usa tapones en los oídos.

Decir «uno» con cada espiración te calmará y te hará sentir muy bien; no te lo puedes imaginar. Hazlo durante el día, nunca por la noche; si no, tu sueño se verá interrumpido porque será tan relajante que no querrás dormir, te sentirás fresco. El mejor momento es la mañana y también puedes hacerlo por la tarde, pero nunca de noche.

El secreto de Lao-Tse

Ahora voy a decirte un *sutra* secreto de Lao-Tse. No está escrito en ningún lugar, pero ha sido transmitido oralmente por sus discípulos a través de las generaciones. Es un *sutra* en un método sobre meditación.

Lao-Tse dice: «Siéntate con las piernas cruzadas. Siente que hay una balanza en tu interior. Cada platillo de la balanza está cerca de cada lado de tu pecho. La aguja en el entrecejo, donde se supone que está el tercer ojo. Los resortes de la balanza están en tu cerebro». Lao-Tse dice que seas consciente de esa balanza dentro de ti durante las veinticuatro horas del día y que te preocupes de que ambos platillos estén al mismo nivel y de que la aguja se mantenga vertical. Si puedes equilibrar la balanza interior, has terminado tu viaje.

Sin embargo, es muy difícil. Verás que con una pequeña respiración los platillos de la balanza suben y bajan. Estás sentado en calma, de repente entra alguien en la habitación y los platillos de la balanza suben y bajan. Lao-Tse dice: «Equilibra tu conciencia. Los opuestos deben igualarse y la aguja debe permanecer fija en el centro. Así la vida traiga felicidad o infelicidad, luz u oscuridad, honor o deshonor, mantén tu atención en el equilibrio interior y sigue ajustándolo».

Un día alcanzará el equilibrio perfecto, donde no hay vida sino existencia, donde no hay olas sino el océano, donde no existe el «yo» sino el todo.

Visualiza a Buda dentro de ti

Hazlo cuando tengas tiempo, y debes tenerlo al menos una vez al día; cualquier momento es adecuado, pero es bueno hacerlo cuando el estómago está vacío, porque hay más energía disponible. No es que debas sentir hambre, sino que el estómago no debe estar demasiado lleno. Si has comido, espera dos o tres horas. Una taza de té está bien, ayuda mucho.

Si puedes bañarte antes de hacerlo, también ayudará. Primero sumérgete un tiempo en la bañera con agua caliente y después toma una ducha fría de dos minutos. Termina con agua fría; te preparará perfectamente.

Después toma una taza de té y siéntate, ponte cómodo. Puedes sentarte en el suelo y poner un cojín debajo; eso será bueno. Si la postura es difícil, puedes sentarte en una silla.

Relaja todo el cuerpo y concéntrate en el centro del pecho, justo en el centro, donde terminan las costillas y empieza el estómago. Con los ojos cerrados, imagínate que hay ahí una pequeña estatua de Buda, simplemente la silueta. Puedes tener una imagen de una pequeña estatua de Buda para que seas capaz de imaginártelo con más facilidad. Una pequeña estatua de cinco centímetros.

Visualiza que está hecha de luz y emite rayos. Concéntrate para que puedas dejarte llevar con facilidad...; rayos que emanan y llenan todo tu cuerpo.

Te ayudará mucho sentarte como Buda en el suelo, pues la figura y tu postura coincidirán. Los rayos se difundirán y todo tu cuerpo se llenará de luz. Entonces los rayos empezarán a expandirse más allá del cuerpo; será una visualización interior. Los rayos comenzarán a tocar el techo y las paredes, y pronto saldrán del cuarto para seguir difundiéndose. Permite que en quince minutos cubran todo el universo, hasta donde puedas concebirlo.

Surgirá una gran paz. Permanece en ese estado entre cinco y diez minutos; todo el universo lleno de rayos, y el centro de todo eso está en tu corazón. Mantente en ese estado durante diez minutos. Permanece contemplando, sintiendo los rayos; continúa, continúa, continúa. Todo el universo está lleno de esos rayos.

Empieza a retraerte despacio, tan lentamente como saliste. Regresa a tu Buda interior, otra vez a la estatua de cinco centímetros llena de luz.

Luego, de pronto, haz que desaparezca abruptamente. Este es el punto culminante, el más significativo de todo el proceso. Permite que desaparezca abruptamente y quedará una imagen negativa. Es como cuando miras una ventana por un tiempo y después cierras los ojos y ves la imagen de la ventana en negativo. La estatua de Buda ha estado ahí, llena de luz; de repente, abruptamente, hazla desaparecer. Quedará una estatua de Buda oscura, negativa, vacía. Mantén este hueco vacío entre cinco y diez minutos.

En la primera fase, cuando los rayos se expandan por todo el universo, sentirás una gran paz, como nunca antes la habías sentido, y una gran expansión; un sentimiento de que te has vuelto inmenso y todo el universo está en ti.

En la segunda fase, en lugar de paz encontrarás felicidad. Cuando la estatua de Buda se haga negativa, la luz desaparezca y haya oscuridad y silencio, ¡sentirás una gran felicidad sin razón alguna! Algo positivo que surge en ti; mantenlo. Todo el proceso puede llevar de cuarenta y cinco a sesenta minutos.

Puedes hacerlo en la cama antes de acostarte; es el momento perfecto. Hazlo y después duérmete, de manera que conserves ese estado vibrando toda la noche. Muchas veces aparecerá esta estatua de Buda en tus sueños y muchas veces sentirás esos rayos. Por la mañana sentirás que tu sueño ha sido totalmente diferente. No ha sido solo sueño. Había algo más positivo, una presencia. Estarás rejuvenecido, más alerta y más lleno de un respeto profundo por la vida.

Encuentra el cero interior

Antes de dormir, acostado en la cama con los ojos cerrados, imagínate una pizarra, tan negra como puedas. Visualiza en la pizarra el número 3 y haz esto en tres ocasiones. Primero visualízalo y bórralo. Visualiza el número 2, tres veces; después visualiza el número 1 tres veces; después visualiza el número 0 tres veces. Para cuando llegues al tercer 0, sentirás un gran silencio, como nunca antes lo has sentido.

Algún día caerás en el silencio absoluto, como si toda la existencia hubiera desaparecido de repente y no hubiera nada fuera de ti. Eso te dará una gran visión.

Por la noche, antes de dormirte, lleva a cabo este sencillo proceso, simplemente acostado en la cama; pero termínalo, pues da mucho silencio. Es un proceso sencillo y no te llevará más de dos o tres minutos, pero puedes quedarte dormido antes de completarlo. Trata de terminarlo, no te duermas, el tercer 0 debe llegar; y no te apresures, ve lentamente y con amor.

ACERCA DEL AUTOR

Resulta difícil clasificar las enseñanzas de Osho, que abarcan desde la búsqueda individual hasta los asuntos sociales y políticos más relevantes de la sociedad actual. Sus libros no han sido escritos, sino transcritos a partir de las grabaciones de audio y de vídeo de las charlas improvisadas que Osho ha dado a una audiencia internacional. Como él mismo dice: «Recuerda: todo lo que digo no es solo para ti, hablo también a las generaciones del futuro». El londinense *The Sunday Times* ha descrito a Osho como uno de los «mil creadores del siglo xx», y el escritor estadounidense Tom Robbins ha dicho de él que es «el hombre más peligroso desde Jesucristo». Por su parte, el hindú *Sunday Mid-Day* ha seleccionado a Osho como una de las diez personas (junto con Gandhi, Nehru y Buda) que han cambiado el destino de la India.

Acerca de su trabajo, Osho ha dicho que está ayudando a crear las condiciones para el nacimiento de un nuevo tipo de ser humano. A menudo ha caracterizado a ese ser humano como Zorba el Buda: capaz de disfrutar de los placeres terrenales, como Zorba el Griego, y de la silenciosa serenidad de Gautama Buda. En todos los aspectos de la obra de Osho, como un hilo conductor, aparece una visión que conjuga la intemporal sabiduría de todas las épocas pasadas y el más alto potencial de la tecnología y de la ciencia de hoy (y de mañana).

Osho también es conocido por su revolucionaria contribución a la ciencia de la transformación interna, con un enfoque de la meditación que reconoce el ritmo acelerado de la vida contemporánea. Sus singulares «meditaciones activas» están destinadas a liberar el estrés acumulado tanto en el cuerpo como en la mente y a facilitar una experiencia de tranquilidad y relajación libre de pensamientos en la vida diaria. Está disponible en español una obra autobiográfica del autor, titulada: *Autobiografía de un místico espiritualmente incorrecto*, Editorial Kairós.

RESORT DE MEDITACIÓN OSHO INTERNATIONAL

Ubicación: Situado a unos ciento sesenta kilómetros al sudeste de Bombay, en la próspera y moderna ciudad de Pune, India, el Resort de Meditación Osho Internacional es un destino vacacional que marca la diferencia. El Resort de Meditación se extiende sobre una superficie de más de dieciséis hectáreas de jardines espectaculares, en una zona poblada de árboles.

Originalidad: Cada año el Resort de Meditación da la bienvenida a miles de personas procedentes de más de cien países. Este campus único ofrece la oportunidad de tener una experiencia directa y personal con una nueva forma de vivir, con una actitud más atenta, relajada, divertida y creativa. Están disponibles una gran variedad de programas durante todo el día y a lo largo de todo el año. ¡No hacer nada y relajarse es uno de ellos!

Todos los programas se basan en la visión de Osho de «Zorba el Buda», un ser humano cualitativamente nuevo que es capaz tanto de participar de manera creativa en la vida cotidiana, como de relajarse en el silencio y la meditación.

Meditaciones: Un programa diario de meditaciones para todo tipo de personas, que incluye métodos que son activos y pasivos, tradicionales y revolucionarios, y en particular, las Meditaciones Activas OSHO™. Las meditaciones tienen lugar en la que seguramente es la sala de meditación más grande del mundo, el Auditorio OSHO.

Multiversidad: Las sesiones individuales, los cursos y los talleres abarcan desde las artes creativas hasta los tratamientos holísticos, pasando por la transformación y terapia personales, ocupaciones meditativas, las ciencias esotéricas, y el enfoque zen de los deportes y otras actividades recreativas. El secreto del éxito de la multiversidad radica en el hecho de que sus programas se combinan con la meditación, avalando y entendiendo que, como seres humanos, somos mucho más que la suma de nuestras partes.

Spa Basho: En el lujoso Spa Basho se puede nadar tranquilamente al aire libre, rodeado de árboles y naturaleza tropical. El diseño único, el espacioso jacuzzi, las saunas, el gimnasio, las pistas de tenis… son realzados por su escenario increíblemente hermoso.

Cocina: Los diferentes cafés y restaurantes sirven cocina vegetariana occidental, asiática e hindú. La mayoría de los productos son orgánicos y se cultivan especialmente para el Resort de la Meditación. Los panes y las tartas se hornean en la propia pastelería del Resort.

Vida nocturna: Hay varios eventos nocturnos para escoger, ¡bailar es el primero de la lista! Otras actividades incluyen meditaciones a la luz de la luna llena bajo las estrellas, espectáculos de variedades, actuaciones musicales y meditaciones para la vida cotidiana.

O simplemente puedes pasarlo bien conociendo a gente en el Plaza Café, o paseando en la tranquilidad de la noche en los jardines de este entorno de cuento de hadas.

Instalaciones: Puedes comprar los artículos de aseo personal y todas tus necesidades básicas en la Galería. La Galería Multimedia vende una amplia variedad de los productos de Osho. También hay un banco, una agencia de viajes y un Cibercafé en el campus. Para aquellos a quienes les gusta ir de compras, Pune ofrece todas las opciones, desde productos hindús tradicionales y étnicos hasta tiendas de todas las marcas internacionales.

Alojamiento: Puedes escoger entre instalarte en las elegantes habitaciones de la Osho Guesthouse, o para estancias largas puedes optar por los paquetes del programa «Living In». Además, en las cercanías existen numerosos hoteles y apartamentos privados.

www.osho.com/meditationresort
www.osho.com/guesthouse
www.osho.com/livingin

El papel utilizado para la impresión de este libro
ha sido fabricado a partir de madera procedente de bosques
y plantaciones gestionados con los más altos estándares
ambientales, garantizando una explotación de los recursos
sostenible con el medio ambiente y beneficiosa para las
personas. Por este motivo, Greenpeace acredita que este libro
cumple los requisitos ambientales y sociales necesarios para
ser considerado un libro «amigo de los bosques».
El proyecto «Libros amigos de los bosques» promueve
la conservación y el uso sostenible de los bosques,
en especial de los Bosques Primarios,
los últimos bosques vírgenes del planeta.

Papel certificado por el Forest Stewardship Council®